对怎样当校长，
一千个校长，
也许有一千个回答。
但我以为，
"做正确的事"，
即便不是真理，
也有真理的味道。

做正确的事

——一名校长的自述

杨杰 / 著

河南大学出版社
HENAN UNIVERSITY PRESS

·郑州·

图书在版编目（CIP）数据

做正确的事：一名校长的自述 / 杨杰著. -- 郑州：河南大学出版社，2025.5. -- ISBN 978-7-5649-6361-3

Ⅰ．G637

中国国家版本馆CIP数据核字第20253AV001号

做正确的事——一名校长的自述
ZUO ZHENGQUE DE SHI——YI MING XIAOZHANG DE ZISHU

项目统筹 谌洪波
责任编辑 陈　炜
责任校对 陈晓林
封面设计 王　兴

出版发行 河南大学出版社
　　　　　地址：郑州市郑东新区商务外环中华大厦2401号
　　　　　邮编：450046
　　　　　电话：0371-86059752（大众文化出版中心）
　　　　　　　　0371-86059701（营销部）
　　　　　网址：hupress.henu.edu.cn

排　版	河南大学出版社设计排版中心			
印　刷	郑州最美印务有限公司			
版　次	2025年5月第1版		**印　次**	2025年5月第1次印刷
开　本	710 mm×1010 mm　1/16		**印　张**	10
字　数	156千字		**定　价**	45.00元

（本书如有印装质量问题，请与河南大学出版社营销部联系调换。）

前　言

　　当教师时，经常给学生布置作业；当校长时，也多次为中层干部布置"作业"；习惯成自然，即将退休之时，自己给自己竟也布置了一道"作业"：利用退休前最后一个暑假时间，写8万～10万字的"工作总结"。

　　说易行难，真要动手写作，一下子还真不知如何下笔，尽管有多年教书育人的实践，有如鲠在喉、不吐不快的冲动与念想。不过，在认真"备课"后，还是在不长的时间内确定了一个基本的写作思路：着重对自己与教育的缘起、如何走上校长岗位、经历过的学校、关于治校办学的实践、思考从教感悟，特别是以校长身份对自己曾经负责过的学校的重要办学策略，进行系统的思考和梳理，以期给自己37年的教育工作和24年的校长生涯做个小结，向自己因从事教育事业，而在茫茫人海中得以遇见的所有人表示感谢，向因工作原因可能伤害到的人表示深深的歉意。

　　"我本无意惹惊鸿，奈何惊鸿入我心。"我与教育结缘，应追溯到高考志愿的填报。之所以能走上教师的岗位，与其说是偶然，不如说是机缘巧合。当然，现在的我，更愿意说，那是一次美丽的邂逅。就像通过公选，我踏上了校长之路一样，既出人意料，又在情理之中。感恩与教育相遇，感谢教育路上的一切遇见，成就了现在的我。十几年的教课和班主任工作，让我深感教学相长的道理，"弟子不必不如师，师不必贤于弟子"。课堂是幸福的，学校是师生诗意栖息的地方，在与学生亦师、亦友、亦长的交往中，为师的专业的价值与生命的意义得以彰显。教师节前学生深情真挚的祝福最是让人自豪,"青,取之于蓝,而青于蓝;冰,水为之,而寒于水"。

作为校长,我曾先后在新建学校、老牌学校、转制学校任职,其中有完全中学、高级中学、中等职业学校和高等职业学院(包括广播电视大学),也有老百姓所说的"好学校""坏学校"。每所学校都有各自的实际情况,校领导集体要凝心聚力,涵养正气,厚植学校文化,找到学校发展之策,并团结带领全体教职员工,去努力办好学校,培养高质量优秀人才,让每位学生都健康快乐成长发展。校长的智慧与能力,不在于能把一把"坏牌"打好,更在于将手中的所谓"好牌"打得更好。校长的教育情怀、担当精神、责任意识、人格魅力、先进理念、使命感和学习力等,应是校长的基本素质和能力。人是文化的存在,学校是文化的场域,充分利用并建设学校文化,以文化人、教书育人、立德树人,是办学目的与手段的统一,校长对此应有深刻的认知。我始终认为,不论是普通教育还是职业教育,不管是发展滞后学校还是先进学校,校长或教师的成长应遵循下面的公式:优秀教师(校长)=学习+实践+反思。校长要做正确的事,即使没有100%正确的事,也要100%努力把事情尽可能做正确。正如德鲁克在《卓有成效的管理者》一书中所说,要正确地做事,做成正确的事。坚持教育让人生和社会更美好,帮助每个人发展自身获得创造美好生活的能力。正是基于比较教育学习与实践的经历,我选择以"做正确的事"作为本"工作总结"的主题。我以为,只要方向正确,便不惧风雨路遥。站在60岁的门槛,我转身,把目光投向风华正茂、年仅36岁的自己,回望这一路的岁月。

本"总结"共计五部分,分别是:校长之路、曾经之校、治校之思、从教之悟和不尽之言。第一部分,以散文的表达方式,简要回答了自己与教师、与校长的缘起。第二部分,以夹叙夹议的形式,着重介绍了自己在曾经的学校是如何主导办学的。第三、第四部分,以议论的方式,主要表达自己对幸福课堂的建构设想和关于校长角色的所思所悟。第五部分,主要是请著名书法家、篆刻家,将自己关于教育的主张观点书之、刻之。治校无定法,学校各美其美,但共性存在于个性之中,透过繁华,还是可窥斑见豹,揭示治校一般遵循，比如理念引领、以文化人、特色立校、科研兴校等。虽不可复制粘贴，但总是能借鉴的，不至于尽是摸石过河。教育要守正创新，与时俱进。校长要坚持"心正则事正""本立而道生"。对教育工作者来说，数字化时代既是挑战，也是机会。"互联网+教育"代替不了"教育+互联网"。教学方式以及课堂模式等可以试错，但育人不能试错。有人说言语的尽头是沉默，本不想再说什么，因为越深思越觉得自身肤浅。但既然已经迈出第一步，并不想停下来，更何况关于教育、学校、课堂、课程和师生关系等，又有言无不尽的情怀，故用书法篆刻这种艺术表达方式，歌之咏之叹之以抒怀。在电脑上打字，可谓用时不长，只是一个暑假而已；可书写，却"千淘万漉"，用尽生命数个十年。以热爱与虔诚之名，"吹尽黄沙"始得片言只语。即使如此，仍惴惴不安，恐浪费阅者宝贵时间，有"图财害命"之嫌。在此，感谢大家对无知者无畏的包容。

"苔花如米小，也学牡丹开。"本是一滴水，奈何总想奔向河流大海。故在即将退休之际，将自己的校长生涯以及对过往教育岁月的思考和积淀缀句成文，希望通过对自己的教育实践与思考的梳理总结，对自己的教育人生有个简要回顾，同时也希望拙作能对中学校长、未来校长以及热爱教育工作的人有所启发。不当、不对之处，敬请批评指正。

杨杰

2024年8月20日于安职镜湖畔

目 录

第一章 校长之路 ··· 001
　一、不愿当教师，却当了校长 ························· 002
　二、机会永远只垂青于有头脑的人 ···················· 015

第二章 曾经之校 ··· 029
　一、理念引领：办好新建学校的策略之一 ············ 030
　二、以文化人：老牌学校发展的价值取向 ············ 060
　三、典礼仪式：不只是中小学校不可或缺 ············ 076
　四、特色发展：薄弱学校办学的可选路径 ············ 097
　五、就业升学：中职教育身有彩凤双飞翼 ············ 103

第三章 治校之思 ··· 107
　一、校长应该具有的基本素能 ························· 109
　二、治校无定法，治校必得法 ························· 116
　三、引领教师走上教科研之路 ························· 117
　四、办学中应注意的几个问题 ························· 118
　五、自觉学习并搞好职工关系 ························· 120

第四章　从教之悟···121
一、课堂是幸福的···123
二、优质课与时装秀···133
三、数字化时代教师如何不被数字"化"··················135
四、好教育、好教学，应从建立健康师生关系开始·····137

第五章　不尽之言···143
后　记···149

第一章 校长之路

一、不愿当教师，却当了校长

"无心插柳柳成荫"，有些事情总是那么奇妙，阴差阳错，抑或命中注定。

"悲喜交加"这个成语，虽然自己早就记住了它的词义，但真正理解它的意思，是在那年的那一刻。

如果现在有人被要求从0、1、2、3、4、5、6、7、8、9这些数字中排列组合成一个自己喜欢或难忘的四位数字，不同的人可能会有不同的排法。而我，有且只有一个，就是1983。这几个数字的组合排列，原本也没什么特别之处，既不是什么连数"拖拉机"，也不是什么同数"炸弹"，更不是所谓的吉祥数字，对其他人而言更是如此。但于我而言，没有别的数字要选，也没有其他排法，就是1983！第一种排法是这样，第二种排法还是这样。1983之所以让我格外青睐，没有别的缘由，就是因为1983年发生的事。

不知道数字与人生之间究竟有无显著相关性，但似乎每个人一生中都一定程度上对某种特定的数字或数字组合表现出与常人不一样的偏爱。所以，平日里司空见惯的数字符号及排列组合，一旦与人、与事或与特定的情景相联系，那些简单枯燥的数字符号一下子就"活"了起来，仿佛有了价值与意义。有人说这似乎是"迷信"，有唯心主义倾向；也有人说这是积极的心理暗示，强调信念的力量；还有人说数字及其组合本无甚，只是自作多情、胡乱联系罢了。不管别人怎么说，我对那一年，没齿难忘。那年，不，确切地说，是那年的事，不仅改变了我的命运，而且改变了我的人生轨迹，也让我成为现在的我。如果说你是你的经历的总和，那么，从那一年开始的经历才让我成为现在的我。

  1983年7月7日—9日，是全国高考的日子。对全国167万应届、往届高中毕业生来说，应该是终生难忘的日子。虽然当时学校老师在动员会上一直在说，"要一颗红心，两种准备"，我们也抱着接受祖国挑选的态度去迎接高考，但莘莘学子，特别是我们这些农村户口的孩子，经历了先预选参加高考资格的河南考生都心知肚明，高考后就是几家欢喜几家愁。金榜题名，不论是本科，还是大、中专，意味着鱼跃龙门，从此将脱离农村，户籍从乡村迁出，成为城市户口，毕业后国家包分配，总能凭派遣证得到一份当时令人艳羡的工作，吃上"皇粮"，端上"金饭碗"，一生无愁。当然，那些天之骄子中也不乏立志为国家各项事业发展奉献智慧力量的有志者，而且考上的学生绝大多数也都学成就业，报效国家，在各自本职岗位上都做出了不凡的成绩。尽管事实上，后来的历史发展表明，也有些人员下岗需要再就业，但在当时就是那么一种况味。与名落孙山相比，对那些考上的学子来说终究是一件幸事。毕竟全国167万考生的录取率才23.4%，河南考生录取率会更低，即使"范进"式"中举"，喜之贺之，未尝不可。所以，全家宴请亲朋好友者有之；举村敲锣打鼓庆贺者有之；学校对取得的好成绩广而告之者有之。但总体上似乎大家也没有觉得那么"卷"，感情上似乎也没那么复杂，还是相对看得简单纯粹。与现在有些小区群众和学校对高考成绩优异者，特别是对所谓"状元"，动辄扯条幅庆贺相比，还是显得含蓄内敛些，似乎不是那么张扬。社会在发展，时代在变化，一个时代有一个时代的表现，一个时代有一个时代的文化表达方式，不足为奇，也无可厚非。那年的我，的确幸运地走进了高等学府，而且也未能免俗地庆祝了一番。也许被祝贺的噱头或说辞更充分，那年我考上了本科，我姐以民办教师的身份考上了中师。一家人，同一年，两个人实现了农转非，到大学和中专继续学习。

勤学不辍终将改变一个人的命运，大多数人都懂，而且也很希望通过不断学习，让自己有更多的选择，让自己的人生变得更精彩，或者至少不至于成为时代的落伍者。但问题是有些学人，未能坚持不懈，驰而不息。也许在做出决定的时候，每个人都有自己或这样或那样的客观理由，但有些人恐怕属于非不能也，是不为也，主动改变主意，做出另一种选择，放弃了梦想。其实，不再坚持过往目标与方向，坚决而果断地在断舍离之间抉择，是勇气、智慧，也是生命自由成长发展的过程。尽管生命只有一次，每个人的人生道路都是唯一的，但每个鲜活的个体，不论性别、民族、出生地，生而都应是快乐美好、温暖多姿的，都有自由选择表达自己意志的权利。不管你什么时候，做出何种选择，要走哪条人生之路，都应被尊重并得到支持。1983年我虽然如愿以偿，考上了本科，但1982年我高考失利，连中专线也不够，遂复读了一年，相当于上了"高四"后才考上的。作为高考落榜的农村孩子，当时也有多种选择：一是回乡务农；二是继续复读；三是外出打工。事实上我也曾反复考虑，想着要去广州、深圳等地闯天下。我现在仍然清晰地记得拟打算怀揣一本《妙语连珠》英文书籍（因为喜欢英语，高考成绩也行），计划扒火车一路南下，不辞而别去深圳或海口闯荡，尽管在那之前基本没出过县城，也不知道海南、深圳具体在哪里，有多远。现在想来自己是多么幼稚可笑，但那就是当时的自己，不缺青春的气息和味道。1983年正值改革开放初期，那可是一个有无限可能的充满童话的阶段，深圳也是一个不可思议的地方，深圳速度、拼命挣钱、拼命工作、公司、经理、打工仔、打工妹等新鲜词语不绝于耳，也有太多的深圳故事广为流传。自然对一个不满18岁的书生，在经历高考落榜的精神折磨后，突发奇想，有此冲动，也是可以想象的。倘若当时我的想法能得到像现在的我的支持，也许我的生命之花是另一番景象，但没有也许。在痛定思痛之后，带着不甘和压抑，带着对"万般皆下品，唯有读书高"的古训的膜拜与虔诚，带着"彼人也，予人也，彼能是，而我乃不能是"的执着与信念，我踏上了去县一中复读的路。复读，那是一场炼狱，但那一年，我也收获了余生。

如果说复读是我青春年少的时光中注定要经历的波涛汹涌，那么高考填报志愿直至被大学录取，该是我跌宕人生之路中极富戏剧性的一幕。而且那一幕，也定格了我打开世界的方式。

1983年，河南高考是知考分后再填报志愿，有提前批录取的。为鼓励学生积极投身教育事业，抑或其他原因，师范院校放在提前批录取，而且与农林等专业一样降低20分投档。应该是和现在差不多，只是不知道自己在全省的排名，没有现在每位考生都可以买到的《招生考试之友》，没有网络和阳光高考平台，随时可以在网上查询信息，也没有什么软件可以模拟报考。那时全国大抵如此，记不太清楚了。蓦然回望当年，恍如隔世之感。相较我们那时的情况，现在的学子，可谓幸福方便多了。单从这件事情看，着实感到社会在不断进步发展，也切实感受到祖国发生的巨大变化以及带给人们的福祉，发自肺腑地由衷地为祖国的繁荣昌盛而感到骄傲和自豪。当然，自恢复高考后，我们可以凭自己努力考大学继续深造，在为国家建设发展做出贡献中实现人生价值，而且考上了大学（包括中专），国家还发放生活费等，那时候的我们也应该算是拥有极好的机会了。感谢祖国，感恩时代。

那年我对标高考各科参考答案后预估自己总分在460分到470分之间，没想到，结果是467分，挺满意的！一是预估相对准确，二是超本科线几十分，原本想着能考上中专就很知足了。虽说没考出更高分数，但已超过预期，且考试分数还算可以，有学上应该是确定无疑的，而且十年寒窗苦读，终有所获，心情自然是愉快的了。我在知道考分结果后的相当长时间内都很激动兴奋，甚至可以说处于亢奋状态。之前从不知失眠是什么感觉，即便是在高考前冲刺阶段熬夜，也未曾体验过，可得知分数之后的那天晚上，我的确彻夜难眠。复读还算有成效，也应验了老古话"庄稼不收年年种""走的路远，总要捡堆粪"。分数正式公布之后就是填志愿，可以选择上哪所本科院校。记得那时好像大专和中专都得填写，依所填志愿录取，若报不妥当则有可能滑档，即使是高分也可能哪所高校都不录取。

尽管那时填报志愿似乎比现在更重要，但对我来说好像也没太重视，况且也没有那么多信息可参考。父母也不太干涉，只要有学上即可。于是自己根据考分，大致了解到往年录取的情况（也不全面），便很快填好了志愿表。确定不当教师，第一批像北京大学、北京师范大学这一类的也录取不了，就随便填满了志愿表，但师范、农林等专业等同第一批。第二批普通志愿很慎重，第一个就报了郑州大学化学系，第二个报河南农学院。当时认为这两所学校应该没问题了，其他也记不清楚填的是啥了。至于什么专业也不太计较，当时流行"学会数理化，走遍天下都不怕"，我也深受此影响，所以，只要是数理化相关专业都行。当时就是这么简单自信，也不管喜欢与否，也没有明确的人生规划，即使明知自己更喜欢外语，也毅然选择理科。志愿填报后，万事俱备，单等录取通知书了。那是一段幸福而充满期待的美好时光。由于邻居叔叔在郑州大学工作，想着有熟识的人可以引路做伴，于是我便利用这段时间，第一次迈出县城，决定前往省会郑州游玩。

不知是人逢喜事精神爽，还是自己见识少，初入郑州感觉就像刘姥姥进大观园，看哪儿哪儿都好。特别是近水楼台先得月，在邻居叔叔家孩子的陪同下，又提前来到了自己志愿表上报的郑州大学，还特别到认为自己未来要就读的化学系的大楼，楼上、楼下、校园里，东瞅瞅、西瞧瞧，甚是开心惬意，偶尔听到的鸟叫蝉鸣，也觉得格外动听，它们仿佛是专门在为自己而歌唱。其实，鸟语花香是大自然的客观存在，到了一定季节或条件相适应时，蝉就会鸣，鸟就要叫，花就要开。鸟语花香，不会因你在不在、来不来就不鸣叫，也不会因你心情好，它们就鸣叫得比之前更好听；当然，也不会因你心情不爽，原本芳香四溢的鲜花，就会变得凋零衰败，成为飞絮落花。这纯属主观感受而已，是心理学上的"移情"，把自己的主观情感转移到客观对象身上，是文学文艺创作活动和审美活动中，个体把自己的主观感情转移到客观事物上。不论在生活或工作中，或与人交往中，我们或许都有过类似的感受体验：往往不同程度地以自己当时的喜怒哀乐，去评价事物现象和他人活动。这难免失之偏颇。在日常生活工作中，我们应该自觉警惕和防止这种不当"移情"现象带来的对客观事物或现象的不客观性结论，尽可能不让己悲己喜之时的评价影响事物或活动的客观公正性。

天有不测风云。大自然如是，有些事情的发生也如是，不可思议，超乎想象。那年填报志愿后，就在我春风得意，与邻居叔叔家的孩子一起徜徉在郑大校园中，尽情感受郑州的绿意和郑大处处高耸的梧桐树时，一件改变我命运的事正在静悄悄地发生。也正是那件悄悄发生的事，让原本不想当老师的我，走进了师范大学，走上了教书育人的岗位，又在校长岗位上走了24年，走了一辈子，直到退休。我不知道该怎样去描述，我做梦也想不到改变了我人生轨迹的那件事，那件于我来说的人生大事。

由于那时交通和通信条件都不太发达，师生们没有微信，也没有电话，所以师生联络不像现在及时通畅，而且大学录取通知书也不是像现在这样，直接寄给本人或送达本人家中，而是送达考生所在学校。我所复读的学校（滑县一中）的做法是，在收到学生的录取通知书后，由学校教务处把学生名字和他的录取学校名写在校外的黑板上以示通知，接到一份通知书，就即刻写上。也不确定哪天会收到谁的录取通知书，所以学生一般是过几天到学校来看看，若看到黑板上有自己的名字就到教务处专门负责人那里把通知书取走。记忆中似乎没有同时重名、重录取学校的，所以一般也不会有差错，当然也不排除有漏洞的可能。而且有些人虽然填报了志愿并被录取，但通知书到了学校不去取，而是继续复读以期下一年考上更好的学校。没被取走的通知书最后如何处理，也不甚了解。

在应该陆续收到通知书的日子里，我像大多数学生一样，隔三岔五地就到学校去，到学校那面写有谁谁谁被哪所学校录取的墙上的黑板前，看看有没有自己的通知书。当时应该是既忐忑急切，也很自信期待，甚至当听说某人已收到录取通知书，或看到学校教务处旁边那面墙的黑板上某人的名字时，也渴望早日看到自己被"黑板题名"。特别希望某一天到学校时，"蓦然回首"，自己的名字，赫然在墙。

"盼望着，盼望着，东风来了，春天的脚步近了。"正如朱自清先生那篇《春》的散文中的名句一样，我也在深情地盼望着，盼望着。志愿都填过了，录取通知书还会远吗？！

其实，"黑板题名"是迟早的事，因为学校的程序设计，通知学生录取的方式就是那样。自己的名字和录取院校，注定是要被写在墙上的黑板上的，只是具体时间不确定。

有时候，生活中常常是你抱的希望越大，失望就越大。你希望发生的，偏偏不以你的意志为转移。就在我满心期待某一天来到学校，抬眼望去忽然看到黑板上自己的名字和录取院校，享受自己被自己第一时间"看见"的兴奋与愉悦时，我被一街坊邻居突然告知，他在黑板上看到我的名字了，还以为我知道呢。当我问他名字后面是不是写的郑州大学，他说好像不是，好像是什么师范大学，具体记不得了。当时我第一反应是应该不会是我吧。一是我没报师范大学，二是那个时间点还没听说谁收到普通院校的录取通知书，但又不记得有重名的呀，莫非真是自己的？于是带着疑问，我骑上自行车，急切地前往学校一看究竟。

学校位于县城西南角一较高地势之上，我家在老县衙遗址附近，位于县城的东边，距离学校大约12公里，与来自全县的大多数其他同学比，应该说是较近的了。所以，复读期间，天气不太好的冬季，我一般是住校；其他时间大多是每天骑自行车上下学。习惯了，也不觉得累，感觉也挺好的。复读时之所以没有再选择到离家更近（大概一公里，几乎是家门口）又是自己母校的县二中学习，主要考虑毕竟县一中是当时我们县最好的高中，而且也招收复读生，自己前一年的高考分也能达到允许复读的分数，于是，便通过熟人牵线，来到了县一中复读。

那天骑车到达学校的时间，感觉似乎比平时要短得多。虽然也不记得一路上具体是怎样骑行的，但是肯定骑得快。一个精力旺盛年仅18岁的小伙子，在得知了那样的情况后，急欲想求证真伪的心情是可想而知的。所以车速快，用时短，是顺理成章再自然不过的事了。

就在我飞快地到达学校，来到那面我曾多次站立其前望眼欲穿，想见到自己名字的黑板前时，我真看到了自己的大名，黑底白字。但被录取的学校，的确不是郑州大学，而是河南师范大学（现河南大学）。这是我的名字和录取的学校吗？我不敢相信，我可是真的、真的没有报考这所大学呀！我说过自己是不打算毕业后当教师的啊。

事实就是事实，千真万确。当学校教务处专司其职的老师在询问并查核实了有关信息后，毋庸置疑地告诉我，没错，这就是我的大学录取通知书。当我办理完签字手续、手捧通知书时，我一下子蒙了。我无论如何想象不出，我没报这所学校，怎么被录取了？带着万千疑惑，我找到了复读时的班主任老师。他的一番话，让我了解了事情的经过和来龙去脉。

我被当年的河南师范大学录取，不是无缘无故的，我是"被报"了该校。这事，要发生在现在，那是不可思议的。当然，要是现在，也不会发生这种情况。

事情的原委大概是这样的。我自己根据分数填报好志愿表上交到教务处后，教务处领导会同班主任，结合以往录取情况和经验认为，我报的普通批次志愿郑州大学不一定能录取，有比我分数高的同校同学也报考该校。同时看到我提前批的报考学校有北师大和华东师大等著名师范院校，就将我的志愿表进行了更改。把我之前报的提前批录取的某一学校改成了河南师范大学，同时将普通院校批次的第一志愿郑州大学改为河南农学院（现河南农业大学）。事情就是这样，犹如小说中的情节一般，我不是被莫名其妙地录取，而是报了才被录取。我自作多情地想当然地漫步郑州大学校园，也不过是一场空欢喜而已，注定是竹篮打水一场空。当然若从经风雨、见世面、长见识来说，也未必是无用而为。当我本打算鼓足勇气询问班主任老师，这可是关乎我人生的大事，为啥不通知我一下时，教务处领导的几句话，让我源自心底的呐喊彻底偃旗息鼓："我们也是为你好，你是复读生，能考走就好。再说了，当老师也很好嘛！行行出状元。"是啊，面对一年来给我传道、授业、解惑的老师，面对人类灵魂的工程师，太阳底下最光辉的职业，我能说啥？我还能说什么呢？委屈与无奈、绝望与不甘、悲愤与喜庆交织，让我第一次对"悲喜交加"这个成语有了切身体会，也深刻地理解了它的含义。坦率地说，我渴望丰富自己的精神世界和情感体验，也渴望能对诸多成语有更深入的认知，但让我以改变自己的人生规划为代价，还是未免有点心不甘、情不愿。

尽管明知这是板上钉钉、不会轻易改变的事，但我还是抱着一线希望，期待着奇迹发生。当我把这一情况告知远在郑州大学工作的邻居叔叔后，他说自己也不太清楚高考相关录取规则，推荐我到当时的高考录取地点——百泉宾馆，找当年郑州大学负责录取的老师咨询一下，看看还有没有办法。于是，第二天一大早，我便独自一人，在父母的支持下，乘长途汽车前往新乡再转车到汲县（现卫辉市）——百泉宾馆。面对不确定的未来，父母的支持，是孩子们最大的力量。我特别感恩当时在家庭并不阔绰，在可去可不去的情况下，父母坚定地支持自己独立做事。也许原本父母早就看出可能没有结果、也没必要，但不说透，并以他们力所能及和自己理解的方式，抑或叫作"放养"的方式，继续支持鼓励我去做自己想干的正确的事。可能也正是这种犟劲，参加工作后，自己带领团队也多次干成了工作中应该干成的事。当自己大学毕业时，又书写了三改派遣证（当时毕业分配工作是凭借省厅的派遣证去报到工作的，由于多种因素，我的派遣证变更了三次）的故事，最终来到了自己心仪的学校工作，这也跟坚持要做成一件事是有关联的。不过现在看来，若换个角度去看那件一而再、再而三地变更派遣证之事，可能未必妥帖，也许那就是青春固有的色彩和味道，青涩、稚嫩、无所畏惧、一往无前。

对大多数人来说，生活和工作中难免要面对各种各样的困难、压力、挫折和挑战，有些挑战的确需要咬牙坚持、坚持、再坚持地去做，才终会有所得、有所获、有所为。正如古人所说的"守其初心，始终不变"（苏轼）、"锲而不舍，金石可镂"（荀子）、"天将降大任于是人也，必先苦其心志，劳其筋骨，饿其体肤，空乏其身，行拂乱其所为，所以动心忍性，曾益其所不能"（孟子）。当然，有些事情，即便是再坚持不懈也无法如愿，但也会因尽力而为，从而问心无愧、无怨无悔。就拿那年我打算考东北师范大学全日制博士研究生来说吧，在繁忙的工作之余，我利用假期和双休日学习以备考。应该说是竭尽所能了,能用来学习备考的时间基本没耽误,还专程提前拜访导师(杨颖秀教授)面对面讨教。尽管导师根据我之前的研究成果以及有关情况,不建议我报考她的教育管理方向,推荐我报考学科理论方向,但我还是婉言谢绝,坚持自己的想法,因为我想通过不断学习,提升教育管理理论水平和研究能力。但最终因外语成绩不合格,未能进入面试。虽然结果未能如愿,但我深知,非吾不为也,是不能也,虽败而无憾。毕竟在备考的日子,我曾如饥似渴、废寝忘食地学习着、坚持着。这份充实,足矣。相反,在原本可以驰而不息、持之以恒坚持的时候,因各种原因退缩而没有坚持,也会留下诸多憾事。不说别人,还是以自己为例,回顾过往,确实有至今还耿耿于怀的憾事。比如,在那次考全日制博士研究生失败后,自己又曾以同等学力,申请通过了华中科技大学博士学位的学习。先后完成了全部理论学习和外语学习,也获得了相应学分,还做好了开题报告的准备,并已经发表了一篇核心期刊的文章,但最终因工作调动而放弃继续攻读博士学位。调到新单位工作,需要尽快熟悉,事务性工作也确实多些,完成博士学位也确实有时间限制。这是影响因素,但这不应该是放弃攻读博士学位的理由。可能有人会说,一切都是最好的安排,但我不完全这样认为。因为,原本是可以更好的。

去往百泉宾馆那天,一路上憋着劲儿,一定要见到郑州大学招生的老师。当时认为,到达后就能见到老师;只要能见到,就有办法;有办法,就能上郑大。路上具体是怎么想的,如何辗转倒车等细节都已经忘了。只记得那天大概是晚饭前到达了目的地,自己穿了一件白色背心、卡其色西式短裤和一双白色夏季塑料拖鞋。去面见老师求助,这身装扮,显然是极不得体的。但当时就是那种认知,没出过远门,也不懂更多规矩礼仪。虽然老师不计较,但现在真的觉得很惭愧。手里还提着一个不大的黑色提包,里面放的都是什么,也记不清楚了,但肯定有烙饼和钱。钱是盘缠,烙饼是干粮,是母亲一大早就烙好的。出远门,肯定是要准备烙饼的,因为母亲知道葱油饼是我最喜欢吃的。而且以往每年清明节参加学校集体扫墓活动时,总是要提前为我准备好,她知道我比较"紧嘴吃"(滑县方言),消化快,容易饿。每次也都是尽可能多烙些，生怕我不够吃挨饿。当然，烙饼也挡饥且易携带。俗话说"蒸馍十八饼二十"（滑县俗语，十八和二十分别指十八里地和二十里地，意指饼比馒头扛饿，吃馒头能走十八里地，吃饼能走二十里地），就是这个道理。事实上，面见录取老师，也不是件容易的事。就在我一路风尘、满怀信心、迫不及待来到宾馆门前说明来意就要进门时，门卫师傅的闭门羹，让我的心一下子凉了半截。尽管是炎热的夏季，我需要一丝凉意，去除满脸的汗珠和疲惫。可是，一颗迫切渴望改变的心在沸腾，我充满着希望，渴望老师高举火炬，将我的梦想点燃。但门卫师傅不让进去，也是在执行公务，他的做法可以理解。根据高考录取规定，录取期间，访客禁止入内。各高校参加录取工作的人员，一般是在晚饭后允许出宾馆散步。访客需要见工作人员，一般也是在这个时候，能不能见到，取决于工作人员出不出来散步，尽管访客可以在此期间一直守候。你难道不觉得这是很随机的事吗？像上帝在掷骰子一样。因为那时通信尚不像现在这样发达便捷，拿起手机，打个电话或发个信息或微信留言，分分钟搞定。

我很庆幸，没等多长时间就见到了想见的人；我也很失望，我想要的改变几乎不可能发生。

那天晚饭后的时间，我一直站在宾馆门前那个路段，不停地朝出来的人张望。忽然眼前一亮，那不就是我要找的老师吗？就是他！我心里有种莫名的惊喜和亲切感。因为早在去郑州游玩期间，在郑大工作的邻居叔叔专门带我以未来学生的名义去拜访了那位老师。其间，那位老师还说道，根据往年情况，我被录取应该没问题。但当我把情况和来意说明后，他平静地说，理论上有可能，实际上现在已经没有余地。师范大学也蛮好的，上吧。听完他的话后，我的脑子"嗡"的一下，不知所措，也不记得是怎样与老师告别的。就这样，我——未来的"孩子王"和"臭老九"——在不能改变的绝望中，特别想赶紧回家。家，是抚慰我心灵的港湾；父母，是我最想见到的人。可是，当我徒步来到公共汽车站时，已经没有开往新乡的汽车，最早也是第二天清晨的。此时大概是晚上8点多，天已经黑了，看来得找旅社住宿等第二天再走了。怎么办？也许是满肚的愤懑急于宣泄，抑或是受了委屈的孩子急于向父母倾诉。我毅然决然，选择用脚步去丈量那50多公里回家必经的路！徒步到新乡，以便第二天能坐上最早回家的公共汽车。我至今想起都很自豪，这是何等的勇气和决绝，要知道，这可是在夜晚，在陌生的地方，一个人，一个穿着塑料拖鞋的人，一个从未远足的人，硬生生地选择徒步回家。青春是丰富的，青春的故事是生动的，青春的记忆永远让人热泪盈眶。此时此刻，我禁不住要振臂高呼：青春万岁！并摘录美国作家塞缪尔·厄尔曼创作、王佐良翻译的散文《青春》以自勉。

  青春不是年华，而是心境；青春不是桃面、丹唇、柔膝，而是深沉的意志、恢宏的想象、炙热的情感；青春是生命的深泉在涌流。青春气贯长虹，勇锐盖过怯弱，进取压倒苟安。如此锐气，二十后生而有之，六旬男子则更多见。年岁有加，并非垂老；理想丢弃，方堕暮年。岁月悠悠，衰微只及肌肤；热忱抛却，颓废必致灵魂。忧烦，惶恐，丧失自信，定使心灵扭曲，意气如灰。无论年届花甲，抑或二八芳龄，心中皆有生命之欢乐，奇迹之诱惑，孩童般天真久盛不衰。人人心中皆有一台天线，只要你从天上人间接收美好、希望、欢乐、勇气和力量的信号，你就青春永驻，风华长存。

  一旦天线倒塌，锐气便被冰雪覆盖，玩世不恭、自暴自弃油然而生，即使年方二十，实已垂垂老矣；然则只要树起天线，捕捉乐观信号，你就有望在八十高龄告别尘寰时仍觉年轻。

那天晚上我或大道，或小路，或爬坎，或蹚水，一路披星戴月，凭感觉和来时乘车对路线的大致记忆，徒步不停，终于在第二天黎明前的四五点钟，到达了新乡市区，并购买了新乡开往家乡滑县最早的公共汽车车票。七八个小时虽然滴水未进，但母亲烙的葱油饼，不论是那天的白天，还是晚上的夜行，一直在为我提供源源不断的力量。路上的孤独艰辛和双脚多处磨泡的疼痛，自不必说。记忆中更多的是遇到了无数的好心人，或帮忙指路，或善意提醒，每每想起，总是让我感动不已。

坐在回家的长途汽车上，心绪似乎也平静下来。脑子里不断在自问自答，我就那么讨厌当教师吗？我为什么不喜欢当教师？没有教师哪有受教育上大学的我们？还在受封建时期"臭老九"与"家有三斗粮，不当孩子王"的错误思想影响吗？说到底，还是思想问题、认识问题。是对教师职业价值的不当认知，是对干一行、爱一行、干成一行的不自觉与不自信。好男儿当树立家国情怀，像古人所言"穷则独善其身，达则兼善天下"，在大我中见小我，把小我主动融进大我。但人的正确认识不是从天上掉下来的，也不是头脑中固有的，更不是轻而易举的。在经历了反复的思想斗争，以及要善于抓人生主要矛盾和矛盾的主要方面的思考后，我已经有了清晰的认识。要先上大学而不再复读，未来不同职业之间虽然存在喜欢与不喜欢的矛盾，但对自己来说，已不是主要方面。事实上，在经历了四年河南大学生活与学习之后，我对教育、对教师又有了新的认识，以至于自己为这种阴差阳错而庆幸。幸有恩师自主张，方享杏坛诸荣光。我的教师生涯就是这样被打开的，不想当教师，却干了一辈子教育。忠诚践诺了我在获得曾宪梓教育基金会全国教师奖后的感言：我是一名师范大学的毕业生，我要把自己的青春、智慧和力量，全部奉献给祖国的教育事业；不想当校长，却在公开选拔中脱颖而出，并且一干就是24年，直到退休。与其抱怨阴差阳错，毋宁将错就错。无论你什么时候，以什么方式打开世界，只要打开，你的人生注定不会被辜负。

二、机会永远只垂青于有头脑的人

哪里有什么一鸣惊人，所有的不鸣则已，都是厚积薄发。

当已经走过了"接天莲叶无穷碧，映日荷花别样红"的夏季，即将遇见值得期待的那片秋色之时，还是先来温习一下出自《韩非子·喻老》，《史记·滑稽列传》中也有记载的那个耐人寻味的成语吧,在历史的回声中,去寻找曾经坚定有力的脚步。

  楚庄王莅政三年,无令发,无政为也。右司马御座,而与王隐,曰:"有鸟止南方之阜,三年不翅,不飞不鸣,嘿然无声,此为何名?"王曰:"三年不翅,将以长羽翼;不飞不鸣,将以观民则。虽无飞,飞必冲天;虽无鸣,鸣必惊人。子释之,不榖知之矣。"处半年,乃自听政,所废者十,所起者九,诛大臣五,举处士六,而邦大治。举兵诛齐,败之徐州,胜晋于河雍,合诸侯于宋,遂霸天下,庄王不为小害善,故有大名;不蚤见示,故有大功。故曰:"大器晚成,大音希声。"

站在60岁的门槛,我转身,把目光投向风华正茂、年仅36岁的自己,回望我是怎样走上了校长那个岗位。

公元2000年,是中国传统的龙年,一个在中国文化中原本就被极其看重的年份,又幸遇跨世纪这一特殊时间节点。举国上下,分外看重。无论官方,还是民间,都非常珍惜重视这一年。君不见有人先期计划准备生"龙"子、"龙"女,有人要抢着登记结婚,龙凤呈祥。据说那年民政部门负责结婚登记的地方经常是车水马龙,特别热闹。当然,除此之外,民间还有别的动作,就不再一一赘述了。其实国家也有些纪念性的动作和活动,比如中国人民银行还发行50元、100元的"龙钞",本人也是积极参与收藏,至今还保留着两套。坦率地说,有点"小确幸",据说现在涨价了。特别是在那年12月21日竣工的体现中国文化和富有寓意的"中华世纪坛",让我记忆犹新,至今难忘。每到北京出差,但凡有时间,除了必去北大校园漫步外,这座中国人民为迎接新千年、新世纪而专门创意设计建造的建筑,也是我的偏爱。之所以要到北大,一是自己一向特别喜欢参观大学,看大学的建筑,观大学的校园文化,感知大学的气息和味道。二是2013年,自己曾荣幸在北大教育学院在职上过学习班,承蒙北大的不弃、慷慨、包容,滥竽充数地成了北大校友。之所以常到"中华世纪坛"去，因为它现在已然成为中国北京海淀的标志性纪念建筑，并且于2020年被评为北京市市级部门首批新时代文明实践中心建设基地。前不久，我还专门带外孙前去参观。怀思圣火广场由周围向中心微微隆起象征中华民族崛起的寓意，观看广场中央经久不灭、熊熊燃烧的象征着中华民族的文明创造永不停息的长命火——"中华圣火"，感受再现中华民族五千多年来生生不息的追求和任何环境下都不屈不挠、勇于进取的精神，感受那静止的回廊与旋转的坛面。此情此景，一种民族自豪感油然而生，这就是龙的传人，以爱国主义为核心的民族精神、以改革创新为核心的时代精神的荣誉感在胸中升腾。也就是在那年的年底，安阳市教育局决定要在全市公开选拔九名中学校长，也正是那次公开选拔，让我有幸走上了校长的岗位。清澈的爱，只为教育。

我知道要公选校长的消息，不是通过单位，是我的妻子先告诉我的。那年下半学期，她正在市委党校参加中青年干部培训班学习，从市教育局得知了这个消息。周末回家后，她把这件事告诉了我，我不以为意，反正自己也不打算参加，更别提要竞选校长了。说是公选，其实也没那么简单。有一定的程序，先笔试，后面试，再考察，最后研究确定。那时一般是按常规形式提拔干部，公选干部还是新生事物，不多见。之前市里曾搞过一次副处级领导干部公选，但市教育系统公开选拔校长，还是破题儿第一遭。这既是对以往领导干部培养使用方法的有效补充，也是为了党和国家事业发展需要，不拘一格选人才的创新方式。特别是对教育系统来说，一下子拿出7所学校共9个岗位的正、副校长职位，这是需要胆识、气魄和担当的。

不久，市教育局的通知文件也下达了。我所在的学校——河南省滑县师范学校（现安阳市第二实验中学）也按要求，专门召开会议，做了传达和动员。学校希望符合条件的同志，积极踊跃报名参加。若考上，这既是个人进步的机会，也是学校的荣誉，更是选能用能、发展教育事业的需要，是办好人民满意的教育的迫切需要。总之，希望有条件的同志都要报，大胆展示自己，接受组织选拔。领导也是好意，大家心知肚明，不管报不报、公选上与否，都是应该感谢的。

我原本是笃定不参加的。一则当时挺享受教书育人的工作样态和生活方式；二则已经是学校副科级干部，虽说不是领导班子成员，但毕竟已是中层干部；三则也认为在市区工作的同志竞争力大，自己远离市区工作，又是理科生，政治理论水平和表达能力不如文科生，公选上的概率不大。再者自己是学化学的，仅笔试这一关，就可能被刷下来。不是不思进取，恐怕是思而最终未必能"进去"，根本没当回事，所以，也没去报名。那一段日子，妻子也没说啥，照常每周去党校培训。后来的结果说明，应该还是自己不够自信。

大概是报名截止时间的倒数第二天吧，妻子从市里打来电话，还是希望我能试一试。她说，虽然没有直近关系在市里工作，也知道我喜欢教学研究与自由写作，不太热衷搞行政工作，但这次是真的公选，不会走过场，够条件都可以报，是平等公开竞争的。她的意思我明白，我即使报名参加也不是俗话说的"好当官""当官迷"。况且，她说我爱学习，自以为我也很不错，那为啥够条件也不去试一下？参加公选从某种程度上说也算是学习呀。再说若公选上了，我也可以不去呀。她说的真的是实实在在、合情合理，特别是她的"激将法"，将军"将"得我更是无话可说。知夫莫若妻，又会做思想工作，打蛇善打七寸，我还能说什么？改变主意，赶紧去报名吧！

说到我妻子，不得不在这儿多啰唆几句。她是1982年考上新乡师范学院（现河南师范大学）物理系的，比我早一年，毕业后留校担任辅导员，在上学期间就加入了中国共产党，也打破了物理系连续多年不留女生的先例。说实话，她比我更适合从事行政管理工作，IQ（智商）和EQ（情商）皆高。她学校与系里的领导和同事常夸她，聪慧、善良、有能力、综合素质高。那年工作调动，大家都不舍得她调走，并劝她三思而行。但她自有主张，为了解决两地生活问题并完成我们共同的目标，坚持嫁鸡随鸡、嫁狗随狗，在参加工作3年后，放弃了市区本科高校的岗位及工作条件，回到县城，回到我工作的地方。其实，生活中她也是一位贤妻良母、好儿媳。几十年如一日，从未与我父母红过脸。我弟兄三人、姊妹四个,她同妯娌叔姑们也没有闹过不快,甚至父母、弟弟与弟媳们有啥事,还都找她商量而不跟我说。我认为,她有时也是有委屈与苦衷的,锅碗瓢勺,天长日久,我们一个大家庭,直到现在也没有说分家单过,不该没有磕磕碰碰的。但她总是笑呵呵的,不说啥,也没啥。我知道,这就是豁达、包容与格局。我心里是非常感激和敬佩她的,有时也觉得挺对不住她的。我俩虽是高中同班同学,但绝对没有早恋。我们是经人牵线搭桥,在上大学时,才开始谈恋爱的,直到现在。

我自认参加工作后,一贯是低调的,不事张扬,谦虚谨慎。只想做好一名教师的本分,传道授业解惑。踏踏实实教书育人,一步一步、扎扎实实做好应该做的事,没有其他"非分之想",特别是自己从未想过要当校长。不想出名,更不想一鸣惊人。这或许与我的大学时光有关。

我与大学"莫名其妙"的相遇,前文"已述备矣",不再多说。到了大学后,首先是军训。在军训期间某次与辅导员老师接触时,他直呼我大名,让我很惊讶。直叹"老师厉害"!莫非我们那个年级一百二十多名学生的大名,老师都了然于胸?就在我暗自思忖之际,辅导员老师说,他对我印象非常深刻。他去参加招录了,在查阅考生纸质档案时,发现我的某一张应该必须有照片的表上,并没有照片,貌似他是说我的志愿表(现在已记不太清楚了)。于是就通知了我们县招办,赶紧送一张我的照片去,否则可能影响录取。鉴于当时的条件,招办领导来不及再通知我提供了,就想法把贴在当年考场座次表上我的一张照片撕下来,送了过去贴上救急。所以,对我的名字、照片记得清楚,一见到我,就脱口而出了。看来那时我变化不大,照得也挺真实的。

尽管大学坐落在八朝古都——开封,是历史悠久的省内著名高校之一。古色古香的校园,雄伟壮观的大礼堂,让人流连忘返;宽敞别致的宿舍,也让所谓天之骄子能得到充分的休息;明亮的教室、实验室和图书馆以及学术造诣深厚的老师,也为同学们的学习和发展提供了优渥的资源保障。但我由于自身缺乏远大人生目标,自我加压不够,自我要求不严,学业标准要求低,受60分"及格万岁"的错误思想影响深等因素，一度过度沉浸于各种体育活动，未能做出正确的选择，迷失自我，得过且过。其实自己原本是有机会大学毕业留校担任辅导员工作的，因为之前几届的年级主任，一般都留校工作了。我之前也是年级主任，开始也是挺进步的，我们辅导员老师也暗示过我，有这种可能。可我自己没有珍惜，放松了对自己的提升，最终更多的机会也化为泡影。坦率地说，当年我是带着些许的遗憾惜别校园，结束大学时代，走向工作岗位的。大学这段经历，一定程度上也极大地挫伤了我的自尊心，打击了我的自信心。"祸兮福之所倚，福兮祸之所伏"，也正是那种情况，致使我参加工作后，坚定地认为，要心无旁骛，低调行事，"任尔东西南北风"，务必首先要把自己的本职工作做好，绝不能误人子弟。恐怕一开始不打算参加公选校长，也有这个因素吧。但有些事情的发生，是自然而然、水到渠成的，无意一举成名，却满城尽知。

既然决定要参加了，接下来就要考虑报哪个学校的哪个岗位。结合公选方案提供的学校岗位和当时我的实际情况，我决定报考安阳市洹北中学（现安阳市光明中学）总务副校长岗位。主要是基于虽然是副校长岗位，但学校是一个完全中学（有初中和高中）；其他学校虽有正校长岗位，但均是初中，个人还是倾向对初、高中的教育有个完整的了解和认知。另外，我当时正担任单位总务科副科长（副科级），相对熟悉总务后勤工作。后来得知总务副校长也是副科级，可以享受副县级工资待遇。不过，这对我来说意义不大，当时我已经是中专高级讲师，而且我工资一直按照职称系列办理的，尽管早在2012年我就是正处级干部了，直到现在即将退休都未改，也不打算变更了。记得报名截止后不久，我与单位里其他几位同事被告知，我们符合条件，可以先参加笔试。就这样，我加入了"考而优则校长"的队伍，并最终被同事戏称"一考成名天下知"。

笔试的题量很大，据说是参照公选县处级干部的标准，结合公选的校长岗位来命题的。记得当时除了会做的题外，有些题目可能完全可以答得再完整些，但因时间限制，不得不草率结束论述，其实还是自己知识储备不够吧。

不过，很幸运，居然以第二名的成绩进入面试。出乎意料，也在情理之中。平时的学习积累，思考观察，还是派上用场了。一定程度也反映出来自己的优势，因为还有众多参加者未能进入下一轮考试。尽管答题时深感"书到用时方恨少"，恨不平时再多学点。但仅进入笔试，就让众亲朋好友误以为我被公选上，纷纷表示祝贺。

当时公开选拔校长，还是在教育系统内乃至社会上引起了广泛关注的。公选，在当时还是非常新鲜且吸引大众眼球的词语。公选校长的方式，开教育系统提拔干部的先河，应该也是全市其他系统中第一个吃螃蟹的。社会各界关注度高，是在所难免的。所以，局领导高度重视、周密组织、严格程序，笔试、面试成绩前三名的人员和进入考察的人选，也都要分别通过报纸、电台、广播等方式向社会公开，接受监督。记忆中，在走向校长岗位前，自己的名字和原工作单位，先后三次被广而告之。自己主观上不想沸沸扬扬，但客观上，自己也挡不住社会的高关注度。

关于那次公选，印象深刻的是参加面试。面试时间是下午，面试地点跟笔试一样，还是在市教师进修学校进行。那天上午一大早，我就开着自己的昌河牌面包车，从单位来到市区。当年私家车还不多，我喜欢开车，在妻子的支持下，花大约3.65万元买了辆小面包车，又花大约4000元加装了车载空调。那时家庭买车不像现在这样普及，我能较早开上私家车，与妻子的理解是分不开的。要知道2000年的时候，我们的工资还偏低，汽车的价格又相对高昂，三四万元对我们来说也不是小数目，应该是我们的全部积蓄加少量借款了。是什么让她帮助我实现了我的开车梦？她后来的一句话，让我若有所悟，也时常感动。她说不能让我在想干事的时候做不了，等有条件能做事的时候又不想干了。其实个人、家庭如是，对单位或一个组织来说，何尝不是如此。单位或组织的发展也需要在明知是未来发展方向但尚不够条件时，大家形成共识，凝心聚力共谋发展。正像毛泽东在《星星之火，可以燎原》的结尾中满怀热情地描述中国革命的曙光一样："它是站在海岸遥望海中已经看得见桅杆尖头了的一只航船，它是立于高山之巅远看东方已见光芒四射喷薄欲出的一轮朝日，它是躁动于母腹中的快要成熟了的一个婴儿。"从而始终走在时代前面，占据先机制高点，在千帆竞发、百舸争流中引领发展，不落伍不被淘汰。不能等到已经没有"风口"的时候，再去做没有前途、价值和意义的事。这样既调动不了群众的积极性，于单位或组织发展也无益。但这的确是需要智慧、勇气和魄力的，需要"于无声处"能"听"到"惊雷"，做出能代表事物发展前进方向的正确选择。

正式面试是在下午两点，但需要提前进面试考场，所以，我便早早在距离考场较近的饭店吃过午饭，准备迎接人生第一次的面试。不知是心中有点胆怯，想驱散紧张感，还是爱喝酒的缘故。那天中午，我清晰记得，自己喝了几两白酒，还不无调侃地说，酒壮英雄胆，真是有点发昏。不过微醺的酒，仿佛一下子把时间凝固，身心被清冽的甘醇所包裹，尽显生命的韧性。没有了焦虑紧张，也没有了胆怯懦弱，带着对面试的美好期许，就这样我和其他参加面试的同志一道，被带到了指定面试考场，静待面试官的考量。工作日饮酒，面试时饮酒，还饮了数两，是不是有点不可思议？要放到现在，该怎样被审视，不敢想象，也许是禁止入内。

按公选方案，参加面试的人员是报考每个岗位的笔试成绩前三名，不论分高低。但我所报考的岗位，有四人进入面试。据说第三名笔试成绩相同，故多了一人，也相对增加了竞争难度。貌似方案中没有相关细则，只是说取前三名，也算是碰巧了。当时也没有想那么多，多一个就多一个吧。反正也不是我自己，大家都一样，机会均等。

由于参加面试人员较多（应该有28位），当天下午还要公布结果，同时防止面试考题泄露，公平起见，便分成了两组。抽签面试顺序时，我有幸或不幸地抽到第一组第一个参加面试。当时在场的人不约而同地笑了，我也笑了。也许是大家都觉得第一个面试一般会吃点亏，但我不这么认为。即便是最后一个面试，也无妨，只要正常发挥出自己的水平即可。强烈的自信心、争胜心，一下子被激发。

既然是来参加面试，其实之前自己还是做了一定的准备工作。面试分两部分，首先是大约5分钟的个人陈述；之后是提问回答阶段，大约20分钟。个人陈述是自己可以提前思考的，甚至找人指导，而且一般都会脱稿，很流利地陈述展示。但陈述什么、怎么陈述以及陈述时候的综合表现，还是有差异的，特别是贯穿陈述内容中的立场、观点、方法以及陈述人的眼神、体态、语言表达和逻辑思维能力等。可以负责任地说，我陈述的内容真的是自己思考的，没有与任何人商量讨论，包括我的妻子。当时我认为，虽然我不是校长，但既然是选拔校长，显然校长一将难求，在学校办学中发挥着不可小觑的作用。按说每所学校都有自己的中层干部梯队，教育局应该也有政治进步的同志，但为啥不直接使用，还要从五湖四海公选校长。明摆着，没有合适的。也进一步说明，不是所有人都能胜任校长这一岗位的，校长对一所学校的办学水平起着举足轻重的作用。由于认识水平限制，当时还不曾听闻"一个好校长就是一所好学校"之说。另外，自己是教师，知道一个好老师对一个学生的重要性；同时也认同好老师对学校发展的重要价值。当时素质教育是一个热门词汇，我对此也有自己的思考和理解。于是一篇阐述关于"校长""教师""高素质""素质教育"为主要内容的个人陈述就这样被确定了。

其实，从那时起，我对于"教师""校长""素质""高素质""素质教育"等的思考就从未停止，对这方面的认识也在自己未来的教育实践中不断得到升华。正如马克思主义认识论所说，人类认识本身是一个辩证发展过程，不断地从低级向高级发展。我关于上述概念的认识，也在每一次的不断深入学习、思考和实践后，获得更加深刻的认识。不仅如此，对毛泽东同志在《实践论》中关于"实践、认识、再实践、再认识，这种形式，循环往复以至无穷，而实践与认识之每一循环的内容，都比较地进到了高一级的程度"的论述也有了新的认识。在工作中，我们也应自觉运用毛泽东同志实践与认识的关系的原理，来改造我们的主观世界，指导我们的教育实践。在改造客观世界，在服务学校的发展中，提升我们的主观认识。事实上，那天我的陈述还是得到了领导和面试官的认可。若干年后我间接得知，当年参加旁听的分管人事的副局长直言不讳地说"是一个校长的料"。

当时除了对自我陈述的内容做了充分思考与准备外，对陈述的方式也进行了思考设计。基本指导思想是发挥长处，出其不意，尽可能展示自己的学术优势和基本素养。我喜欢英语，高考成绩也不错，满分100分，我考了94分。到了大学后，还因此被选到物理系和化学系联合授课的英语快班学习，除常规英语课程学习，我还专门学习了全英教材《English for today》。即使参加工作后，英语也基本上没丢下，尽管自己的专业是化学。只因好玩，喜欢而已。所以那天特意将自己的陈述翻译成英文，提前把中英对照的内容发给面试官，自己用英语陈述。那一着，确实与众不同，也惊艳了面试官和旁听者。效果不用多说，应该是可以想象的。

我是第一组第一个被面试的，也是所有被面试人员中第一个结束的，因为第二组开始得稍晚点。尽管大约下午三点前，我就走出了面试考场，被带到专门能与其他面试人员隔绝的场地等待结果，但谁知却一直等到晚上大约8点钟，才一起被召集听宣结果。是面试结果，也是最终进入被考察的人选的结果。幸运之神再次眷顾了我，面试成绩还是第二名，笔试与面试总成绩仍是第二名，最终进入考察人选，距离校长岗位又近了一步。说句心里话，此时已经没有那么激动，我能在每一环节都发挥出水平，较好地展示了自我，已经心满意足、深感欣慰。至于最后能否被录用，已经无所谓了，也由不得我决定。假如笔试和面试根本在我的话，但考察情况如何以及最终能否被录用，全看同事的评价和领导集体研究了，更何况我还不是第一名。当然，考察的好坏，归根结底还在自己，自己过往历史是由曾经的自己书写的。

不知是生命的青睐，还是生命本就如此，总觉得自己人生好多重要节点都充满着挑战。有时也常常羡慕别人，为什么是那么的顺风顺水，看似轻而易举，而自己的事情，总是历经磨难。但天上绝对不会掉馅饼。著名女作家冰心在《繁星·春水》中那一首"成功的花，人们只惊羡她现时的明艳！然而当初她的芽儿，浸透了奋斗的泪泉，洒遍了牺牲的血雨"的小诗就道出了其中的真谛。每个人都是在不断的努力奋斗中有所收获，没有随随便便、无缘无故的成功，也不可能有什么一鸣惊人，所有的不鸣则已，都是厚积而薄发。马克思的唯物辩证法关于量变质变规律原理就是最科学的真理的解释，事物的运动变化发展是由量变到质变的过程。质是一事物区别于另一事物的内在规定性。量是事物的规模、程度、速度以及构成事物的要素在空间上的排列组合等在数量上的规定性。事物的发展总是从量变开始，量变达到一定程度就会引起质变，在新的质变的基础上又开始新的量变过程，如此循环往复。公选笔试和面试都能进入前两名，是自己平时日积月累的量变的结果，但如果我没有一点一滴地不断学习思考，不可能发生质变。也许有时勤奋努力而未发生量变，没有达到预期目的，实现某种愿望，那是量还没有达到一定程度，到不了要发生质变的程度，需要继续增加量，直到足以发生质变。"不积跬步，无以至千里；不积小流，无以成江海"。

当然，在实际生活和工作中，可能质变的发生，还存在偶然性和机会的问题。被断定为必然的东西，是由纯粹的偶然性构成的，而所谓偶然的东西，是一种有必然性隐藏在里面的形式。公开选拔校长，也许对每位够条件的同志被选拔上来说，这是一件偶然性的事件，它不是选拔干部的常态形式，而且不是所有有志于当校长的同志都享有同等机会的。当然它也可能成为常态，从而使偶然性转化为必然性的事件，成为选拔干部的常态化机制，大家机会均等。但够条件的张三被选拔上，而够条件（只是够参加选拔的资格条件，而不具备被选拔上的充分条件）的李四未被选拔上，这对张三来说有必然性。因为张三的量已经积累到一定程度，势必要发生质变，被选拔上是迟早的事情，只是在何时因何而发生，尽管有一定的随机性，也可称之为机会，但张三必然被选拔上，不是在此时，就是在彼时，抑或另外的形式，终究要走向校长岗位或需求同等资质的岗位，因为必然性是事物的本质联系，由事物内部矛盾规定，它决定事物发展的基本方向，这是由张三内在具有的或表现的质的规定性所决定的。公选校长这一偶然性事件，加速而非延缓，并以这种偶然性方式成就了张三的必然性。因为偶然性是事物的非本质联系，由事物的非本质因素或外部因素相互作用决定，只能对事物的发展起加速或延缓作用。当然，如果没有公选校长这一偶然性的事件，张三必然走向校长岗位的发展，可能要更加曲折复杂。偶然性表现也补充着必然性，使事物的发展过程呈现出更加丰富多彩、曲折复杂的情景。但无论如何，张三被公开选拔到校长岗位的偶然性，不能完全摆脱必然性的制约。所谓机会，应该说也是一个偶然性中的必然性问题。客观的必然的机会来了，摆在那里，稍纵即逝。你不抓，或抓不住，或抓不紧，让机会从身边溜走，这是自己的主观行为。所以，机会面前人人平等，但机会永远只垂青于有准备的头脑。我以为，这即使不是经典名言，也具有经典名言的品质。

我原本是极不情愿与人竞争的。不是深谙"夫唯不争，故天下莫能与之争"的老庄哲学，而是自认为性格使然。凡事喜欢顺其自然，内心始终遵从谦恭礼让原则。但让我百思不得其解的是，除了参加公选校长外，于我人生中的几次意义重大的事情或转折，大都是在这种激烈的竞争机会中发生的。我不知道这是命运的安排，还是阴差阳错，总是让我行非由衷，在两难中抉择。下面还是让我简单回顾梳理一下吧。

校内竞选副科长，情非所愿，即其一。记得那是1997年，香港回归祖国，全国人民都沉浸在喜庆之中。当中华人民共和国国歌在香港交接仪式现场响起，五星红旗高高飘扬，在电视屏幕前收看现场转播的我们，禁不住热泪盈眶。从站起来、富起来到强起来的现代化的中国，让我们感到无比自豪。那一幕、那一刻，至今难以忘怀。那一年，我33岁，是一位血气方刚的小伙子。也就是在那一年，我们学校党委领导决定校内公开竞争副科级岗位；也是在那一年的年末，我们学校的主要领导即将退休，接任领导被宣布到任。

校内的竞争上岗与公选校长岗位相比，程序就相对简单多了，要求的条件也宽，只要是班主任或教研组长即可，但还是挺严肃认真的。我是班主任，且是教师节期间被表彰的市级优秀教师，假如参与竞争，资格肯定是具备的。竞争上岗主要分两部分，先面试，再集体群众投票，两者之和最高者为第一，即为确定人选。不像公开选拔校长那样最后有两个考察人选。我一开始并没有意向参加，但后来经同事们撺掇和领导鼓励，我抱着一种很特别的心态，也报名参加了。综合校内提供的竞争岗位，我选择了学校总务科副科长（副科级）这一职务。谁承想，学校男女老少总共200多人，女同志一位也没报，不是歧视，是的确没人报。但这一岗位报名人数竟然多达12名，其他岗位基本要么报名一个，要么报名两个。当时大家综合分析，估计觉得其他岗位竞争压力小，就觉得这个岗位貌似没有明确的有竞争力的同志。

副科级岗位竞争在报名后大约第三天就开始了。在由学校中层以上领导参加的面试中我的成绩是第一名，在由全校教职员工参加的群众投票中，我的成绩也是第一名，总成绩自然也是第一名了。按竞争方案的原则，不出意外，这个职务我应该是板上钉钉的，单等党委会议确定了。事实上，情况远非那么简单。

成绩一公开，个别与我参与同一岗位竞争的同志坐不住了。向学校党委和市委组织部门反映我与妻子在同一学校任中层干部应回避。尽管听说上级明确答复，这不属于回避对象与范围，但个别人听不进去，仍然找学校领导。而且也就在这个时候，新领导到任。于是又一波老掉牙的汇报反映。那个时候，我的情绪有点低落，也有些许委屈。我原本"无意争春"，是不太情愿地参加了；报名时，学校也同意，其他同志也没有反映问题；即使面试成绩出来也不曾有人说需要回避。但综合成绩出来了，是我，而不是他们中的谁，就有问题了，早干吗了？尽管一开始也确实有点生气，觉得平时无冤无仇，大家在一起，无论是工作上，还是私下生活中，都还挺好的，怎么为了一个区区副科级干部，就这样无所顾忌。尽管如此，当时听说后，面对如此状况，我还是保持了异乎寻常的自制力，没有向任何人表达任何不满，坚定而冷静地认为，听组织决定。始终相信组织，是一名共产党人的基本遵循，我是那么想的，也是这么做的。每个人都有自己的人生观与价值观，有自己为人处世的原则。我也曾换位思考过，我的答案是，可以理解他们，但我会恪守规则。既然技不如人，愿赌服输，从长计议，握手祝贺。这是胸怀，也该是应有的格局吧。最后还是领导高明，原结果维持不变，另外研究新增加一名总务科副科长。人生不总是一帆风顺，困难逆境不公等也是生命中应有的一部分，一定程度上也可以说是财富，我们要豁达、积极、乐观去面对人生中不如意之事。道路虽然是曲折的，但前途是光明的。正如普希金在《假如生活欺骗了你》的诗中说："假如生活欺骗了你，不要悲伤，不要心急！忧郁的日子里需要镇静：相信吧，快乐的日子将会来临！心儿永远向往着未来；现在却常是忧郁。一切都是瞬息，一切都将会过去；而那过去了的，就会成为亲切的怀恋。"

如果说校内竞选副科长是情非所愿，那么当年评选高级职称，应该是属于情不得已。那年我们学校高级职称仅一个指标，但够条件的人数竟高达十几位，包括我校当时的一位副校长在内。要晋升高级职称，不得不通过竞争的方式获得，尽管你基本条件都满足职称晋升条件。当然，你是可以放弃评选的。但谁不想进步，若指标多，明明是可以的，因为往年就是够条件即可得。是努力争取，还是责怪命运不公？"这个问题是革命的首要问题"，关键是怎么看？怎么办？

那次学校评高级职称的规则也是"煮方便面——有盐（言）在先"，一是根据教学教研等可量化的综合指标排名；二是全体教职工民主测评排名，两个排名相加第一名者即可获得职称评审指标；若排名相同，教学科研排名第一者优先。幸运之神再一次向我伸出了橄榄枝，我和那位副校长排名相同，我凭教学科研排名第一者优先这一原则，最终获得评选指标。但后来据说又增加了一个指标，自然是那位副校长的了。就这样，我又一次在竞争中评上了高级职称。那年是1998年，我34岁。

职称的评选、副科长的竞选，让我或主动或被动地体验了竞争那种"痛并快乐着"的感觉，也在不知不觉中激发了我的斗志，对毛泽东同志早在1917年的《奋斗自勉》中写下的那段"与天斗，其乐无穷；与地斗，其乐无穷；与人斗，其乐无穷"的话，也有了进一步的认识和理解。带着这种新认识，我对公选校长的结果，充满了期待。公选的结果，正像我期待的那样，最终我竟然以第二名的成绩，走上了校长的岗位。

第二章 曾经之校

一、理念引领：办好新建学校的策略之一

"校长对学校的领导，首先是教育思想的领导，其次才是行政上的领导。"

——苏霍姆林斯基

关于教育的经典语录，想必每一位教育工作者都有自己独特的认知与实践。苏霍姆林斯基"校长对学校的领导，首先是教育思想的领导，其次才是行政上的领导"的至理名言，穿越时空、跨越国界，至今仍闪耀着真理的光芒，我深以为然。当年我就是怀着对苏霍姆林斯基校长无比敬仰的心情，带着对他那句经典语录的笃信不疑，踏上了自己校长生涯的新征程，并在自己24年的校长（副校长）人生经历中，不断再学习、再思考、再实践着。因为，正确的教育思想既是办好学校的"指南针"，也是"方向盘"，更是学校发展的灵魂。

2004年12月，已届"四十而不惑"的我，适逢市政府要大力发展高中阶段教育，同时筹建三所具有36个班1800人规模的全日制寄宿高中。我有幸与其他3位同志一起被抽调负责筹建其中一所新高中，另外两所分别依托其他学校代筹。当时流传这样的说法，"筹建筹建，发愁建，建着筹"。大概是说，筹建新校很复杂、不容易，好多手续要跑，一般人不大喜欢参与，是一项很费劲的工作。事实上，在后面的筹建过程中，的确应验了那种说法。参与

筹建的人中就有人因受不了那种工作强度，不干了。因为当时工期短、任务重，还被列入市政府为民办的十件大事，必须在2006年实现招生。你可知道，当时我们只有教育局关于成立某某某筹建组的一纸文件，其他的八字还没一撇，没有立项、没有资金、没有选址，啥都没有，更别说编制和老师了。尽管如此，于我而言，深感何其有幸，能在有限的校长经历中，参与谋划建设一所新学校，见证它从无到有的变化历程与成长发展。更遑论那段激情燃烧的岁月留下的美好回忆，以及团结带领老师把自身对教育的理解形成共识，在共同致力于办人民满意教育的实践中得到丰富与升华的价值感与获得感。

校园规划要以学生为中心

新建学校，就像毛泽东在《介绍一个合作社》一文中说的那样，"一张白纸，没有负担，好写最新最美的文字，好画最新最美的画图"。但在一定的校园土地上，究竟如何规划布局建筑物，更适合、经济、美观、有该学校特色，也是相当考量人的。如果是资金、土地等不受限制的情况下，除了务必遵循国家对中小学校建筑规范外，在校园里教学、活动、生活等各功能的分区以及建筑物的布局、校园绿化、景观、文化小品等方面，还应该与设计方进行充分沟通交流，以尽可能减少千校一面，保持特色。让凝固的建筑艺术与人文景观活起来，一起协同发挥校园环境的育人作用，并使这种育人价值，指向学校的办学定位、育人目标等。

正是基于以学生为中心、协同育人的理念，我们先后与设计方、施工方等有关部门积极沟通交流、碰撞思维，最终设计建成了一所符合国家建筑规范、设计要求和教育者心中的理想有机融合的别具一格的新学校。比如，教学区、生活区、运动区的设计具有既相对独立又浑然一体的思想，教学楼、实验楼、图书楼、办公楼等环廊联通的设计，所有绿化道路除了消防通道外，大部分园路是根据多数学生自由选择走出来的路铺就的。这些理念，至今还被大家津津乐道。

不过由于多种因素限制，新学校也有让人遗憾的地方。比如受资金等因素综合影响，校园规划面积未达预期，红色坡顶南方建筑风格的校园设计也未果。其实，反过来想一想，换位思考，历史地看问题。当初的主要矛盾是要解决百姓对子女上高中的迫切要求与政府提供的学位不足、政府发展资金少的困扰。适当降低某些标准，以同时建设三所高中来满足人民群众对子女要上学的需要，还是可以理解的。当然，若资金充足，甚至筹建者坚定地据理力争、善于说服领导，还是尽可能按百年老校的硬件标准，建一劳永逸的学校，也不失为上策。

招生宣传要与筹建同步

　　假如学校建好了，没有学生，或达不到招生规模，其实也是一件挺尴尬的事。这样的例子不是没有，就在新建三所高中前，已经有了一所建设标准不低的完全中学没有达到理想状态。当时对我们来说，这也是需要警惕的，若招不到学生，尽管可以为自己找说辞，说是因人民群众对优秀学校有自己固定的思维模式，对新建学校持谨慎态度的原因，但我们绝不能重蹈覆辙，前事不忘，后事之师。否则，就是上级了解民情民意不够，决策不妥，或是对新建学校领导老师的不认可。若真是上述事情发生，就是莫大的讽刺。当时想，政府投入财力，筹建者不辞辛苦，最后建好了学校却招不到学生，岂不悲催之至。不知哪来的力量，我们决心要打破这一可能的魔咒与厄运，防患于未然。真正把政府为民办事的民心工程，变成让老百姓有获得感的暖心工程。后来的发展证明，这一理念的实施，还是达到了预期目的。当年计划招生600人，实际报考1500多人，最终录取报到600多人。这也让学校声名大噪，录取最低分数线竟超过几所老牌高中。

　　理念是先导。确定了这一想法后，思路打开了，至于如何宣传就相对简单。关键是理念提出，并在理念引领下去实施。当初的实际做法大致是，在宣传媒介上，主要利用广播电台、报纸、公交车、拉横幅、印制广告、群发短信等可能的载体，采用一切行之有效的方法，照现在说法就是融媒体矩阵，铺天盖地，广而告之。在宣传时间上，全年不停，还利用特别节日和学生开学与放假之际，深入全市各初中学校去现场展示讲解。在宣传内容上，也是精心设计、字斟句酌，既实事求是，又充满想象，以激发愿景。在宣传方式上，采取直接与间接相结合，特别是直接与初中学生以及家长的交流沟通。在与家长及学生面对面的接触中我们了解到，干扰招生的因素一方面在于学生家长不知道有新建校；另一方面也确实存在家长对新建学校的师资、管理、教学质量等方面持怀疑态度，不想当"小白鼠"被试验，所以存在等待观望的情况。其实，实事求是、一分为二与家长开诚布公地交换看法，既看到比较优势与劣势，发展地看问题，家长还是可以接受的，对学生和家长来说，至少又多了一个选择。在宣传对象上，既考虑当下又考虑长远，重点放在初三年级，同时也把宣传工作有计划有选择地做到初二和初一，甚至小学高年级。当时，我们在儿童节期间，不失时机地前往相关小学，慰问小学生，就是其中一项从长计议的宣传措施。

宣传首先就是要传递真实准确信息。企业需要宣传产品，学校也需要教育者用心用情去经营，也应该有宣传意识和观念，特别是对新建学校的成长发展来说，宣传是尤为重要的。正如戴尔·卡耐基所说"宣传是推广的先决条件"，但宣传要务必真实客观，坚决反对虚假宣传，反对只说不做。

教师招聘要与施工同步

师资是学校的核心竞争力，不论是于教育而言，还是对校长来说，教师是最重要的办学条件，没有之一。正像梅贻琦所言"所谓大学者，非谓有大楼之谓也，有大师之谓也"一样，中学也不例外。对学校教育管理者而言，教师是学校最重要的资源，即便是说教师第一，也不为过。假如有条件，新建学校在施工建设期间，也应该提前考虑培养师资。从别的学校调动也好，新招聘也好，总之，要提前谋划，提前培训，将学校的办学理念、愿景等办学思想，内化于心。

教师招聘要与施工同步，既是新建学校办学的方略，也是治校理念。那一年，我们一方面积极协调，主动作为，广纳贤才，从兄弟学校调动了一部分教师作为骨干教师；另一方面也提前招聘了应往届大学本科、硕士研究生。这样提前行动，中青年教师以及学科带头人都有了，满足了当年教学需要。实际上，社会、学生及家长对新建学校的认识有误区，往往错误地认为，新建学校教师就像它的硬件一样，也都是新的，教学经验不足，教学质量不一定能得到保障。我们通过这种方式，再加上提前进行了教学培训，基本上消除了对新建学校师资水平的误解。实践证明，这一做法，对学校发展还是有益的。也给其他新建学校带来了启发。

如果说从筹建、施工到确保首届招生达到招生规模，为社会提供了600多人上高中的机会，学校实现了"开门红"（也被有关人士称为"创造了新建学校的一个奇迹"），是得益于以学生为中心的规划布局、筹建与招生宣传和施工与招聘教师同步的理念，那么，尝到这种理念引领取得阶段性成果甜头后的我们，对办好新建学校信心大增，也更加坚定了我们坚持用先进教育理念引领办好新建学校的决心与信心。在讲述招生之后，办学理念如何引领学校发展之前，还是先让我把思绪回到那段砥砺奋进的日子，拈来几段可圈可点的往事，以致敬辛苦付出的我的"战友们"。正是由于他们的智慧和忘我工作，才铸就了那段苦难岁月的辉煌。

蜗工"出租屋"，"皮包公司"般厉兵秣马

我们这一筹建小组是从4个部门抽调人员组成的（最初文件上是3人，后来又抽调了1人），不像其他两个小组，都依托了相关学校，有充足的资源可供调配使用。不过，客观上这也让我们下定了决心。既然无依无靠，就干脆不依不靠、不等不靠、自力更生，朝着政府确定的早日建成并实现招生这一目标和方向前进。

成立筹建小组的文件虽然稍早些，但小组成员正式履职是从2005年元旦过后。没有办公地址，怎么办？到前线去。于是我们就决定前往学校所在的地方去租房子，这样便于与筹建期间相关职能部门打交道。没有钱，怎么办？找银行。哪家银行提供一间办公房，就承诺将来开户到哪家银行。记得相当

长一段时间，我们几名筹建人员都是在某银行提供的一小间"出租屋"内开会、协商、谈合同，直到搬进工地现场的临建房为止。虽然不宽敞，也没有空调，但大家毫无怨言，艰苦而高效地工作着。真可谓艰难困苦，玉汝于成。"只要思想不滑坡，方法总比困难多"。辩证唯物主义认为，物质和精神的关系是辩证统一的。物质是第一性的，精神是第二性的，物质决定精神，但精神对物质具有能动的反作用。对筹建工作本身和当时筹建时的客观物质因素来说，的确复杂、艰辛、不易，这是物质层面的，它势必决定着筹建工作的进行和进行程度的快慢；筹建人的主观意识能动性尽管是第二性的，受制于客观物质因素的制约，但筹建人自身的思想、信念、精神、意志等主观意识，在筹建工作的实践中还是能够也应该充分发挥能动作用。事实上，也正是筹建人发挥了精神对物质的反作用，才使得各项筹建工作得以稳步推进。学习马克思主义，用马克思主义基本原理武装头脑、推进工作和解决各种各样工作与生活难题，应成为一种文化自觉。

"皮包公司"之说，是别人对我们的戏称。因为当时我们只有市教育局筹建小组的文件，而且负责资料的那位同志，经常是手里提着一个小黑皮包去办事。里面除了笔和本，就是那份文件，还有凭文件刻的一枚印章。所以，时间久了，一到职能部门去，大家就开玩笑说，"皮包公司"又来了。我们也不介意，事实上当初我们的全部家当就是：一份文件＋一枚印章。也是靠着文件和印章，像"皮包公司"一般，与相关部门谈协议、签合同，在三所筹建学校中率先完成并通过了可研报告、初步设计、进地、开工等工作。

借船出海，在暴风雨中完成首次中招考试

当年组织中招考试，对于我们来说，也是一件"甜蜜而烦恼"的事情。

中招考试不像高考，不是由全市统一组织进行的，各个高中自己负责考试。这下可给我们出了个难题，我们没有考场，没有监考老师，怎么考？报考1500多名学生，好甜；需要50多个考场，好烦。没有学生报考或报考的少，是问题；这报考的多，也成问题了。眉头一皱，计上心来。借！借船出海。

经与招生部门协商，在兄弟学校的大力支持下，最终我们不借东风，借考场、借老师，甚至借副主考，在暴风雨中，顺利完成了那次中招考试任务。当然，主考没借，也借不来，按规定必须由我负责。每想至此，吾心念念，感恩不尽。是社会各界的大力支持，是学生及家长的充分理解，才让我们圆满完成了政府顺乎民意的大事、好事、大好事。"天下事有难易乎？为之，则难者亦易矣；不为，则易者亦难矣"。大道至简，事在人为。"假舆马者，非利足也，而致千里；假舟楫者，非能水也，而绝江河。君子生非异也，善假于物也"。

中招考试时间，大抵都是在每年的6月25日—26日。虽然不是"七下八上"的汛期，但天有不测风云。下不下雨不好说，且不说当时天气预报没有现在准确，就是现在，也还是个大概率事件。俗语说得好，"夏天的天气，就像小孩的脸，说变就变"。刚刚是晴空万里，艳阳高照，一会儿就变成了乌云满天，倾盆大雨。

记得那天最后一场考试结束的铃声响起不久，各个考场都在陆续收集试卷，准备将其送回考务办公室；也有个别动作快的考场里的考生纷纷离开考场。我和副主考们在考务办公室里也开心地交谈着。谢天谢地，考试没有任何失误，顺利结束，我们紧张的心也一下子放松了下来。就在这时，忽然狂风大作，乌云密布，"黑云压城城欲摧"，紧接着豆大的雨点噼里啪啦从天上砸了下来。一场狂风暴雨，就这样以迅雷不及掩耳之势发生了。我们虽有预案，但没想到来得这么急、这么大。考卷应该不会受影响，每个考场备有塑料袋子，对监考老师也提前做了培训和提醒；考生也不该有啥问题，早已提前通知要求家长学生备好雨具。但没想到的事情还是发生了。考试期间值守的一位同志突然打来电话，当我接通电话，他的一句"工地出事了"让我一下子又把心提到了嗓子眼儿。

学校选址征地位于市开发区十里铺村（现十里铺社区）的东面，毗邻洪河西岸。正式征用时间是2005年的6月18日，举行开工奠基仪式是9月17日。10月上旬，我们就在工地搭建了临时办公室。临建房是由当年广泛使用的蓝色泡沫彩钢板做的，虽说不太结实，但搭建方便、快捷、经济，况且我们当时认为房子经受了一个冬天的北风呼啸和大雪考验，应该不会有啥大的安全问题。但就是想着不会有啥问题的地方出了问题，在狂风暴雨中，一排临建房——我们的办公室和资料室——被从底部连根拔起，吹得七零八散。当我冒着瓢泼大雨，火速赶往现场，得知人员无伤，只是头上被砸了一个包后，方略微放宽了心。可面对风雨中的一片狼藉，我惨不忍睹，内心充满了无法言说的悲伤。待到雨住风停，陪同前来查看慰问的局领导时，我再也控制不住感情，泪水夺眶而出。常言道，男儿有泪不轻弹，只是未到伤心时。你可曾知道，即使早年当班主任，某次在与学生一起参加劳动，清理下水道，抬放石板，提醒学生先松手后，自己不幸被砸掉了一节手指时，我都不曾伤心流泪，尽管后来还被"四舍五入"地鉴定为10级工伤。

算了，还是先从回忆中走出来，去看看我们是如何再次用理念引领新建学校成长发展的篇章，去打破一个又一个被业内人称之为的不大可能，谱写新建学校的传说。

为了每位学生一生的成功和发展

我认为，理念属于意识形态，是上层建筑，是上升到理性高度的看法或观念；教育理念就是上升到理性高度的有关教育的看法或观念。理念有先进与落后、正确与错误、积极与消极等区别，教育理念也不例外。不同的理念反映了一个人的认知水平，也反映了一个人的世界观、价值观和人生观，不同的教育理念还体现了一个人关于教育的总的看法和根本观点，即教育观。一所学校的办学理念，一定程度上也体现了一所学校的使命与教育哲学。

中招考试结束后，办什么样的学校、怎么办学校？也提到了我们学校领导班子的议事日程，尽管基建、设备采购等筹建任务尚未结束，但需要我们"两条腿走路"，办学同筹建两手抓、两手都要硬。特别是作为筹建组长和校长的我，深感任务重、责任大，时不我待。尽管早在筹建期间也一直在思考，但现在，是到了要明确清晰地有个说法的时候了。

既然理念是属于上层建筑，那关于办什么样的学校、怎么办学校，还得从国家的教育方针以及马克思主义关于人的自由全面发展的学说来思考办学的出发点和落脚点。当然，要办好学校，必须遵循教育教学规律、学生身心成长发展规律等规律。不能急于求成，也不能故步自封。

民主决策、科学决策是我自走向校长岗位以来一贯追求的做法。记得毛泽东同志在1930年5月《反对本本主义》这一重要著作中，就第一次鲜明地提出"没有调查，没有发言权"的著名论断。1931年4月2日，他在《总政治部关于调查人口和土地状况的通知》中，又对"没有调查，没有发言权"的论断做了补充和发展，提出"我们的口号是：一、不做调查没有发言权；二、不做正确的调查同样没有发言权"。这充分说明调查研究，特别是正确的调查研究对领导干部决策的重要性和必要性。毫无疑问，我们的办学理念应该是在正确的调查研究基础上才能得出的。民主集中制既是我们党的根本组织原则，又是党的领导制度，所以事关学校如何发展这一"三重一大"事项，我们也必须通过民主集中制来定，校长不能搞一言堂。记得当时除了对如何保障民主决策和科学决策有清醒的认识外，对毛泽东同志关于"矛盾的普遍性和矛盾的特殊性的关系，就是矛盾的共性与个性的关系"又多次进行了反复的学、思、悟，以期待能对新建学校的发展在哲学层面上有系统的认知和把握，以免做出不正确的事，出现目标和方向性错误。矛盾普遍性和特殊性就是共性与个性、一般与个别的关系。矛盾的普遍性即共性，是指矛盾无处不在、无时不有。矛盾的特殊性即个性，是指不同事物的矛盾各有其特点，矛盾在不同发展阶段各有特点，矛盾的性质、地位和作用各不相同。任何现实存在的事物的矛盾都是共性和个性的有机统一。共性决定事物的基本性质，个性揭示事物之间的差异性，体现并丰富着共性。新建学校（高中）首先是学校，它在如何落实根本任务、如何管理、如何教学等方面，具有一般学校共同一致的属性，这是不同学校（高中）的普遍性质，办学者应有清醒的认知；但它又是新建学校（高中），一个"新"字，又道出了它区别于其他学校（高中）的特殊性质，比如，缺乏办学经验、办学质量不确定、社会认可有待确定、没有好的历史文化可滋养，也无不良办学口碑的历史标签等。新建学校（高中）的普遍性与特殊性是新建学校（高中）固有的本性，而且新建学校（高中）若能充分吸收借鉴一般学校办学的精华，"登高望远"，再较好利用新建学校（高中）的特殊性，特别是开好头、起好步，是可以发挥出后发比较优势，从而高起点出发，实现跨越式发展。对此，办学者也应有清醒的认知。俗话说：好的开端等于成功的一半。事实证明，学校初期阶段的策略——用先进正确的理念引领——是有效而又切实可行的。这也得益于对马克思主义和马克思主义中国化的深学透悟；得益于调查研究，实事求是，一切从实际出发，理论联系实际，发现问题、分析问题、解决问题的认识路线和工作方法；得益于始终坚持党的民主集中制这一组织原则和领导的根本方法。

思路决定出路。一旦厘清办什么样的学校、如何办学的思路后，其他问题就"提纲而众目张，振领而群毛理"。正如曾国藩在《复陈右铭太守书》中所说的"万山磅礴，必有主峰；龙衮九章，但挈一领"。在当初领导班子集体反复酝酿讨论后，确定了要秉持"为了每位学生一生的成功和发展"的办学理念，坚持"让每位学生的潜能都得到更大程度的发挥"的教育愿景，建设"崇文尚德，至真至美"的校风和"乐学、睿思、求是、躬行"的学风以及"乐教求精，慈严启智"的教风，致力于办"学生向往、家长满意、社会认可"的有科技特色的高中，并明确将"厚德、博学、勤俭、拓新"作为校训，务必坚持"学生品德第一不动摇、学生学业成绩提升第一不动摇、学生综合素养提高第一不动摇"的学生成长观和"学生以发展为本、老师以学生为本、学校以师生为本"的学校发展观。有人说这属于学校"顶层设计"方面，作为学校领导班子集体，特别是一校之长，必须回答而且要回答好的问题。正如苏霍姆林斯基所言，"校长对学校的领导，首先是教育思想的领导，其次才是行政上的领导"。其实，不论工作或日常生活中，我们都要学会利用主要矛盾和次要矛盾辩证关系的原理，善于抓工作和生活中的主要矛盾和矛盾的主要方面，坚持两点论和重点论相结合的工作方法。主要矛盾是指在事物发展过程中处于支配地位、对事物发展起决定性作用的矛盾。矛盾的主要方面是指在事物内部居于支配地位、起主导作用的矛盾方面。主要矛盾强调的是在复杂事物发展过程中，许多矛盾的地位和作用不平衡，其中必有一种矛盾是主要的。矛盾的主要方面强调的是同一矛盾中，矛盾双方有主次之分，其地位和作用是不平衡的，有一方是主要方面。只有抓住主要矛盾和矛盾的主要方面，才能在纷繁复杂的事务中，有的放矢地、轻重缓急地、统筹兼顾地，而不是顾此失彼地、手忙脚乱地、胡子眉毛一把抓地做工作。当时学校筹建与起步办学，都是非常艰巨的硬任务，二者不可偏废。不抓好筹建工作，势必影响办学；只顾抓筹建，办学起不好步，也有可能重蹈招不到学生的覆辙。必须结合实际，具体问题具体分析，用主要矛盾和矛盾主要方面的原理，指导筹建任务与办学发展的工作。幸运的是，当初我们还是抓住了新建学校（高中）办学之初的主要矛盾和矛盾主要方面，比如，应首先确定学校一系列办学要素，特别是办学理念和办学目标等办学思想，并用这些教育思想，去宣传、动员教职员工，统一思想、统一意志、统一行动达成共识，才让学校稳步前进并在同期建设的学校中始终走在前列，也为学校后来的发展奠定基础。关于主要矛盾和矛盾主要方面的原理等马克思主义哲学，对人生、生活的指导也概莫能外，为什么有的人"泰山崩于前而色不变，麋鹿兴于左而目不瞬"，优雅从容地将自己的人生打理得井井有条，人生不同阶段的生活，也总是那么悠闲自在，"胜似闲庭信步"，大抵与学哲学、用哲学、用好哲学不无干系。

如果说提出用理念去引领办学，并确定正确先进的办学理念这一事关学校与学生未来发展的目标和方向性问题的解决不容易，要考量校长集体的智慧和教育认知，那么如何全面准确贯彻落实并实现预期发展，也是充满着挑战和诸多不确定性的，同样拷问校长集体的治校水准和素养，特别是作为"班长"的校长。实事求是地讲，筹建这所新高中并最终成为首任校长，是我校长生涯中第一次真正意义上的独立负责办学。之前是副校长，是参谋助手，虽然也有临时负责的经历。但这次不一样，这次是负责党政全面工作，是学校的法人。当时尽管血气方刚、意气风发、踌躇满志、信心十足,但内心深处还是多少有点胆怯,担心有辱使命。特别是任前领导面谈时鼓励肯定与期望的话语,更让自己生怕因能力不足,辜负了领导的信任与嘱托。新建学校的样态,一般说来,注定是要打上首任校长和校长集体的印记的,这既给我带来了巨大的压力,同时也给予了我无比强大的动力,挑战与机遇同在。我认为,学校发展好,无疑是全体教职工辛勤工作的结晶;若学校发展不理想,存在这样那样的问题,正确归因,一定是校长负主责。"雁过留声,人过留名",我也未能脱俗,也希望在这一新建学校(高中)的发展历史上,留下属于自己的浓墨重彩的一笔。

校长及其校长集体的办学理念、教育教学思想最终要通过老师的作用到达学生身上,达到育人目的。为了不至于上下脱节,或知行分离,使先进正确的办学理念沦为说在口头上、写在文件上和总结汇报上的美丽辞藻,我们除了将其装订成册打印成口袋书时刻可学、利用教研活动的宣讲外,还积极探索课堂教学模式改革和教学管理改革,鼓励支持教师积极参加教学、科研活动,并认真开展教师定期相互听评课制度,以及请教研员到校为老师们的课堂教学"诊断把脉",提出有针对性的教学改进建议,还不时请兄弟学校或外地优秀教师传经送宝、示范引导。总之,一系列常规培训与校本培训,使年轻的老师和从兄弟学校调入的老师们迅速成长并融合发展,基本上保证了能按既定的办学理念进行教育教学。无论是对党和国家的教育方针的认识,还是对学校的办学主张理念的理解,抑或对课程教材教学教法的把握能力等都显著提高。老师们在课堂教学中的驾驭能力也快速提升,自觉在课堂教学中贯彻落实学校办学理念的能力也极大地提高,而且在教育教学实践中,又进一步深化了对学校办学理念的认识与认同,理念指引教学,在实践中得以升华。再者,从2006年开始,教师入编逢进必考,所以通过公开招聘入职的老师的整体素质是极高的,而且他们中有相当数量的老师还是研究生学历,只是缺乏教学实践经验而已,一旦经过实践锤炼,特别是通过有计划、有目的、有步骤地、高标准地系统培养,会快速地成长发展,事实的确如此。而且他们谦逊的学习态度，任劳任怨的工作状态，以及无私奉献的忘我精神，都让我难以忘怀。我曾在庆祝教师节表彰大会上，真诚而深情地称他们是新时代最可爱的人，这份赞誉他们当之无愧，一点也不为过。其实，校长与老师之间，是相互尊重、相互促进的平等互利的合作伙伴关系。在学校，校长原本也不是什么所谓的行政领导，大抵应是分工与工作性质不同。校长与老师之间相互理解，相互学习，彼此赋能，相互成就，该是校长与老师之间的应然样子吧。我是这么认为的，有时"虽不能至，但心向往之"。记得那时，我但凡有时间，便会推开教室门，不同老师打招呼，坐下来就听课。当时还美其名曰"推门听课制"。听过之后，只要老师有时间，我们还会一起复盘那节课，反复推敲，本堂课好在哪里？如何更好？问题是啥？有无改善的地方？怎么改？等等。我们开诚布公，交流研讨，一节才45分钟的课，有时评课、研究课，就花费2节课甚至更长的时间，但我乐此不疲，老师也乐于接受。因为评课是建设性讨论，没有挑刺的感觉。评课的意义是，思维碰撞，智慧共享；评课的价值，旨在指向老师的未来发展和对课堂教学更好的追求上。所以，我与老师"相看两不厌"，乐于用此方式进行提升。老师愿意，甚至自觉邀请我抽时间去听课。我自然也是受益的，能够以这种方式不远离课堂，始终了解和把握学校课堂教学的最新状态与老师实际教学情况，也算是一举数得、两全其美吧。

万事开头难，但开好了头之后继续保持并稳中有进，也不简单。《资治通鉴·唐纪》关于创业与守成孰难的对话让我记忆犹新。

> 上问侍臣："创业与守成孰难？"房玄龄曰："草昧之初，与群雄并起角力而后臣之，创业难矣！"魏徵曰："自古帝王，莫不得之于艰难，失之于安逸，守成难矣！"上曰："玄龄与吾共取天下，出百死，得一生，故知创业之难，徵与吾共安天下，常恐骄奢生于富贵，祸乱生于所忽，故知守成之难，然创业之难，既已往矣；守成之难，方当与诸公慎之。"玄龄等拜曰："陛下及此言，四海之福也。"

关于学校的可持续健康发展，应该说我与班子成员还是有清醒自知的。学校首届招到并招满学生，刚入学时的教育教学管理没问题，并不意味着下一届也可以招满，三年内学生直到毕业学校办学都没问题。因为如何可持续招生和发展学生，尚未形成规模和稳定可控可靠的制度机制和保障体系。所以，"革命尚未成功，同志仍需努力"，气可鼓而不可泄，绝不敢有丝毫懈怠，还需要继续加强改进完善教育教学各项管理措施，当以"创业与守成孰难"的对话为鉴。否则，可能昙花一现，兵败如山倒，一败涂地。一旦思想认识到位，能居安思危，有忧患意识，改进、完善、加强教育管理的方法、措施与策略，便不再是问题了。

设立校长信箱，架起学生连心桥

设立校长信箱，这一举措，大概好多学校都有。但真正用好此工具者，恐怕为数不多。有时最简单的办法，也许是最有效的锦囊妙计。重要的是，不流于形式，不当摆设。事实证明，我们设置的校长信箱，切实发挥了连心桥的作用，拉近了学生与学校的距离，也是调动一切可调动的资源为学校和学生发展服务的途径，当然它也是民主治校应有之义。它帮助我们时刻了解学生的个性需求和学校办学过程中存在的问题以及需要加强改进的地方。而且我们及时实事求是地反馈问题，并将反馈问题处理结果等张贴在公开场合，也加强了信息的公开与交流。这既彰显了我们为了学生发展的办学理念，也让主动反映问题或提建议的学生的积极性得到保护，主人翁地位得到认可，也使学校老师与学生的沟通更加顺畅、高效、融洽，客观上也极大地改善了学生与教师和学校的关系。而良好的学校师生关系，则是学校提升教书育人效果和提高学生成绩、健全学生品德、提升学生综合素质的关键所在。大多数学校也许都设置有校长信箱，我认为，对新建学校，或校长到另一个学校上任，设置校长信箱，尤为重要。但贵在用，贵在坚持用，贵在坚持用好。

校长信箱，从工具价值的尺度看，不仅可以让校长从另一个视角了解掌握学校办学中的不足或问题或建议,而且还可以及时了解师生,特别是学生的思想动态、学习、生活和情绪等状况,从而便于及时消解学生的不良情绪或答疑解惑或做思想政治教育工作。其实,校长信箱本身从客观上也起到了学生宣泄不满或释放情绪压力的窗口作用。对学生来说,有时说出来、写出来、表达出来即可,不太在意反馈;有时若能得到学校认可,或鼓励性的赞同的互动,对学生未来人生的社会角色、责任意识的唤醒与培养,也有积极的一面。另外学生反映问题也好,提建议也罢,总得思考表达,这无疑对学生的文字写作和思维训练以及提出问题、分析问题、解决问题等综合能力与素养的提升也是有益的。当然,学生之说有时难免尖锐甚或偏激,校领导或校长要有"闻过则喜"的胸襟,有"海纳百川"的包容之心,有善于"纳谏"从谏如流的胆识与气度,有"有则改之、无则加勉"的自信与从容,不能"小肚鸡肠",听不进建议,容不得批评。

新建的安阳市开发区高级中学,是我第一次以法人代表的身份工作的地方。在那里工作的日子,校长信箱这一民主治校方式,一直在帮助并弥补我用其他方式不能了解到的学校办学中方方面面的情况。其中有问题、有建议、有牢骚、有埋怨甚至不满,但也有鼓励、赞赏与信任,更多的是与学生的交流,以及虽稚嫩但不乏智慧的建设性意见。这也是我为什么几经搬家,有些东西虽早已荡然无存,但学生通过校长信箱写给我的那些信件以及当时的互动反馈,至今我还珍藏无损的缘起。我曾有想法,若以后有时间有机会,一定系统整理那些保存在档案盒中于我来说极具意义的信件。下面还是先让我分享关于当年拟定做校服一事来自学生的心声,以及我对有关方面的反馈,以表达我对那些积极关注学校发展、建言献策的学生的感谢。

尊敬的校长:

感谢您在百忙中阅读我们的来信,并且肯让我们为学校建设提出我们自己的看法,这都体现了开发区高中人文管理上的民主理念。

……………

　　主任在大会上都说会采纳我们的建议，曾在校长回信中看到校长似乎也希望我们可以设计自己的校服。我们开发区高中应有自己的特色，校服不应太俗气，应该体现高中生的青春与活力，毕竟，我们是高中生，而且是21世纪的高中生，希望校长慎重决定。

　　再次感谢您！

阴天，2007年4月17日

亲爱的校长：

　　我代表我们班对学校订校服向您提几点意见。

　　首先，我们表个态。我们对学校订校服并不反对，但是，我们对校服的款型十分关注。

　　1.校服要有特点，不印字或少印字，突出"开高"特点。校服颜色应深点，要做就做最好，要么干脆不做。

　　2.校服质量要好。……校服不仅仅是穿的，还是一种象征，它代表我们学校，作为"开高"人，绝不允许她的形象被玷污。"开高"才刚刚建立，形象还很脆弱，经不起这样的打击。

　　3.希望订冬夏两套，不希望和初中时的一样。

　　谢谢！

yoyo 乖

敬爱的杨校长：

　　您好！我是本校高一的学生，首先值此中秋佳节来临之际向您致以崇高的问候。祝您全家阖家欢乐，平安和睦，身体健康，团团圆圆！

　　从我走进开发区高中的大门，我就感觉到一股浓厚的学习氛围，学生们琅琅的读书声让我陶醉，教师们期盼和鼓励的眼神使我自信。从这时起，我就为我的选择而骄傲！但金无足赤，人无完人，在此，我想向咱们学校提出一点建议，望您采纳。

我感觉咱们学校让学生休息的时间较短，每天凌晨5:30就要被"强迫"起床，早上第一节课班里有学生打瞌睡，早起后一天下来都无精打采。我想，照这样长期发展下去，肯定会影响我们的听课效率，弄得想学的同学"心有余而力不足"，不想学的同学一天天学习下滑。我认为，没有太大的必要去和其他学校争时间，只要我们能保证我们的上课听课效率，我们完全可以事半功倍，一步步走向成功！

简单地说就是"要向课堂45分钟要效率"！

最后，我祝愿开发区高中越办越强，越办越好！

祝愿杨校长身体健康，万事如意。

致此

敬礼

高一年级普通学生
2007年9月21日

以下是我对个别学生的回信：

一位谦称"普通"的学生：

您好！

真诚地感谢您对中华民族传统节日——中秋节的祝福，也感谢您对辛勤工作的老师们的理解、尊重以及对学校美好未来的祝愿。下面我想就您建议书中的有关内容谈一下我的看法：

1. 学校是我们的，也是你们的，确切地说是我们大家的。我们每个人（包括老师和学生）都是这个大家庭的一员。学校的发展是和老师的发展、你们的健康成长休戚相关的。学校因为你们而充满朝气和活力，因为你们勤学苦读，积极向上向善而充满希望和生机。所以每个人都有责任与义务对学校的发展提出自己的看法和建议。

2. 我同意您"要向课堂要效率"的观点，在此也希望所有同学都能在课堂上集中精力、全神贯注、认真听讲。

3. 我相信我们学校的学生从心里都想学习，而且想不懈地去学习，都能学有所获、不断超越自我。

4. 学生休息时间较短之说，学校将进行调研，若是作息时间安排不当，将予以调整。同时在这里我也希望同学们自觉养成良好的作息习惯，按时就寝。

5. 在学习效率保证的情况下，学习效果也该是和时间成正相关的，您不认为吗？

6. 摘《孟子·告子下》中的一段话，与"开高"全体学生共勉："故天将降大任于是人也，必先苦其心志，劳其筋骨，饿其体肤，空乏其身，行拂乱其所为，所以动心忍性，曾益其所不能。"

7. 祝"开高"学生永不言输，一步步走向成功！

杨杰

2007年10月7日

关心他人、充满爱心的同学：

您好！

①读过您的信后，我心里感到不安。学生身心健康第一不动摇是学校坚持的"三个不动摇"之一，但由于多种因素，学生时不时感到身体有些不适。作为学校，将力所能及地为学生们着想，并做些什么。比如，学校将要求并落实食堂在季节变换或个别特殊的日子做些姜汤之类的食物免费供应师生饮用，并做一些预防感冒等常见病方面的知识宣传。

②我希望您和您的同学加强锻炼，增强体质，增强抵制疾病的能力。也希望你们学会照顾自己，身体是学习的基础。愿疾病远离"开高"所有师生。祝学生们都能健康快乐学习生活成长发展！

杨杰

2007年10月7日

同学：

　　您好！

　　您是一位懂得感恩的学生，希望您能利用好的条件，发愤读书，完善品德，将来能以实际行动为他人为社会做些事情。

　　您的建议学校将予以考虑，同时希望您号召您的同学养成良好的生活习惯，按时休息，以充沛的精力去对待痛并快乐着的学习生活，您说行吗？

　　最后，我也给您提一个建议：晚自习最好是预习功课、做作业、思考问题，合理安排自己的学习时间，高中三年很快就会过去的。"宝剑锋从磨砺出，梅花香自苦寒来。"

杨杰

2007年10月8日

高二九班写信的同学：

　　您好！

　　首先祝贺您班整体取得好成绩。我很欣赏您在信中所说"我们有能力在学习方面提高成绩，更有能力把每一处清洁区都打扫干净""任何事情我们都会做得更好的"。我也敬佩你们班"不会在困难面前认输的"的决心和自信。希望你们在今后的生活和学习中，在未来的人生道路上永葆这种精神状态。你们的生活和人生会因此而精彩的。

　　校园、宿舍、教室是我们学习生活的场所，要靠我们大家去呵护、打扫卫生，学习之余短暂的劳动可以使我们放松心情，间接休息，体悟劳动的快乐。俗话说：扫地如清心。更何况"赠人玫瑰，手留余香"，所以我想，区区卫生，何足挂齿，您以为如何呢？

杨杰

2007年9月28日

懂得尊重、热爱学校的学生：

　　您好！

　　首先祝您学习进步，心想事成。学校会因像有您这样酝酿着希望的学生而充满希望，学校也必将因你们而自豪！

　　关于您信中所说宿舍老师推门而入的情况，我个人认为，一般情况应是先敲门，征得同意后方可进入。因为学生和老师在人格上是平等的，宿舍是学生个人休息的空间，既然是学校提供的，如果没有特殊情况，也应该先敲门后进入。同时我认为，学生也应该理解、配合、支持生活老师管理上的需要。您同意我的观点吗？

杨杰
2006年10月16日

　　就在我信手取出信件摘录时，有两封信显得格外不同，它们也把我的思绪带回到了17年前，我试图去回忆当时的情景。其中一封，折叠得规规矩矩，是当初特别讲究又复杂的那种。当我小心翼翼打开，迅速浏览了内容后，一种深深的自责又袭上心头。信落款时间是2007年4月14日，应该是首届学生的第二个学期。写信人开头称呼"校长先生"，署名"一个对您失望的学生"，这是何等的修养、无奈与不甘，一边是"失望"，一边是"尊称"。信中第一句话就是："为什么不给我答复？"这次写满一页作业本纸的信，内容大意是，他不敢参加歌咏比赛，一上台就紧张，希望学校允许自愿参加。信中曾给我写信说了，应该是希望我有答复，我却没答复。校长信箱中的信件，一般是让办公室工作人员定期打开，并将信件全部转给我批阅。记忆中，之前未曾收到此类信件，抑或我真忘记批了，也许是工作人员觉得不好批示，不在意，没转于我。反正从那以后，我又对办公室人员强调，不管信件涉及什么内容，请务必转于我。假如是我收到未曾回复，在这里，我请求那位同学原谅。别说是我可能未回复，单说在他第二次信件中全文凡是可用"你"

字的地方,全是敬辞"您"就令我汗颜、自惭形秽。无论如何,我发自内心地请那位同学原谅,并衷心地感谢他的信任,祝福他一切安好!假如有机会见面,我想我会真诚地说一声对不起!

另一封信虽然也转自校长信箱,但从它的信封和信封上写有我亲收的字样以及寄件人的地址中,我一下子就想起了信中的内容。那是一封来自学生母亲——一位小学教师——为了要女儿继续上学,长达6页的求情信。那封信加上空白封面和空白封底(据说这种形式代表言无不尽)竟然有8页之多,又是装在一个普通信封中,鼓鼓囊囊、沉甸甸的,显得是那么与众不同。的确,与其说那是一封求情信,毋宁说是让我完成了一次自我救赎的教材。正是那封信,让我开始反省我们当时在学生管理中的做法是否妥当?重新审视是不是还有更好的德育方式可以尝试?从某种程度上说,是那位学生家长,是那位小学教师,给我上了深刻的一堂课。没想到,若干年后,我无巧不成书地竟然与那位学生成为同事,尽管学生姓甚名谁我早已忘却,但当她主动来到我办公室自我介绍说来看望时,我很惊讶且有点难为情,临别时脱口而出的就是让她代我,向她伟大的母亲问好。

作为新建学校,为了形成良好的校风和学风,一开始我们就在学生的管理上狠下功夫,在校期间要求甚严。基本上采取的是严慈相济、以严格为主的管理基本原则。当初学校规定,学生务必严格遵守中小学生在校一日常规的要求,若有违反,必予以严肃处理,不论亲疏,坚决向说情求助者说"不"。特别是对吸烟喝酒、打架斗殴、男女交往过密等行为实行零容忍。尽管多次教育,但还是有学生屡教不改,当然,违规违纪学生也受到了严厉处分,甚至有留校察看、开除学籍(或劝退)的处理。说实在,严格的管理制度收到了良好的效果,也得到了家长的配合、认可与支持。我们可谓思想统一,意志坚定,态度明确而又坚决。当时认为,虽然我们不想也不舍得开除(或劝退)任何一位学生,因为当时的招生形势十分严峻,特别是对新建或薄弱学校来说。但假如必须严厉处理,这也许是我们学校所能给予学生的最后一次教育,也是最好的教育。校规是那样制定的,也的确是按照那样执行的。但凡有为违纪者前来说情者,我们上下立场坚定,基本上都是微笑而坚定地谢绝。学生处老师和教职工甚至还拿我"扬言"的话——"可以不让我当校长,但不可以不让我按校规处理"——当挡箭牌。我始终认为,对一所新建学校来说,基于爱的严格纪律性,不仅是必要的,也是必需的。毛泽东同志曾为《中国青年》题词"军队向前进,生产长一寸,加强纪律性,革命无不胜"。

有些话,说易行难,比如,知错就改。明明是他人的建议正确、在理,可要推翻自己以往习惯的说法与做法,"自我革命"真的还是需要勇气的。那位学生家长的来信看似请求,实则是在委婉质疑或间接反对我们一贯的做法。面对家长的主张与观点,我们或许真的该反思,尽管我们有理由坚持己见。来信大意是孩子违反校规,家长理解学校做法,但孩子已知错后悔,特别怀念学校和老师以及同学,家长也做了自我批评,希望再给学生一个机会。特别是家长在信的结尾,希望学校能以一颗宽容博大的胸怀容纳一个知错就改的学生,给孩子一个改正错误的机会,使其重返校园。倘若校方没有这样的胸怀,还怎么能培养出有宽容之心的青年成为祖国的栋梁呢?还怎能让孩子也以一颗宽容之心来回报社会呢?是啊,面对期待、质疑与诘问,学校在爱、宽、严的度的把握上,相关规章要求是不是也该逐步有选择地与时俱进地予以调整?即便是新建学校特别是建校之初需要严格要求,但面对未成年的学生,在制度的原则性和执行的灵活性方面是否做到了宽严相济?虽然教育需要惩戒,但毕竟还是学生——尚在成长的被教育的对象,动辄以爱的名义,行开除学籍(或劝退)之事,那么这种过于严厉的教育管理方式,未必是成就一所优秀学校的唯一路径和选择。明代著名思想家王守仁在《教条示龙场诸生》中说"姑不贵于无过,而贵于能改过"。既知不妥,当即改之。于是我们旋即开会研究讨论,修改完善了部分学生违纪管理规定,更加凸显出了学校教育的功能,而不是简单化一刀切的形而上学。制度是严肃的,需要有连续性;规章是"标尺"度量衡,可约束测度行为;但规章制度是认识的产物,需要在实践中验证、丰富、完善和发展。不论新建学校还是老牌学校,但凡学校管理规章制度,都要遵循由感性认识到理性认识,又由理性认识到实践的飞跃,都要在"实践—认识—再实践—再认识"循环往复以至无穷的辩证发展过程中迭代改进。而且,作为治校者主观认识的规章制度,也是具体的历史的统一。正如实践与认识是具体的历史的统一一样,具体的统一,是指主观认识要与一定时间、地点、条件下的客观实践相符合,它是具体的,而不是抽象的;历史的统一,是说主观认识要同特定历史发展阶段的客观实践相符合。我们当时之所以敢于知过即纠,也是基于对马克思主义关于实践与认识的辩证关系原理学习的哲学自觉,实事求是,革故鼎新。

"导师制",让每个学生有了心的依靠

按常规,中小学一般不施行"导师制"的管理模式,大都是一个班主任负责全班一切学生学习、生活、思想政治教育等方方面面的事务(个别也配有副班主任的),各学科任课教师主要负责本学期课的讲授。当然,"教学永远具有教育性",任课教师也担负学生的思想政治教育,特别是新时代倡导施行"三全育人"一体化的"大思政课"观,更是时时处处皆教育,人人都肩负着教书育人、立德树人根本任务的责任。事实上,如果说学校是一个有机生命组织,那么班级就是学校的细胞,班主任就是细胞的核心。组织是优是劣,在一定程度上就看班主任作用的发挥和班级运转的好坏。但为什么学校又借鉴研究生教育的导师制,创造性地在学校也采取这种"导师制"的学生管理模式呢?

实践是认识之源,问题是策略之基。学校办学过程中或隐或现的问题需要正视并解决好,是采取"导师制"这一方法和措施的土壤。当时,我们敏锐地意识到,虽然招到了学生,但学生文化成绩相对低,学生的学习自觉性、行为习惯、纪律观念等方面也参差不齐,这给管理带来挑战,特别是我们的班主任老师在班级管理经验方面尚需进一步提升,应对学生管理多元复杂需求的教育机制与教育艺术还需快速习得积累。正是为了解决办学中存在的这一问题,我们提出了"1+N"的全员导师制学生管理模式。"1"就是每班仍由一名班主任全面负责学生日常管理,"N"是若干名任课教师。所谓"导师

制",严格意义说是"类导师制",就是借鉴高校或研究院所培养研究生由导师负责指导学生学习和课题研究的模式,把每班所有学生分成若干小组,对应若干学科任课教师,由学科任课教师协助着重负责所"承包"的学生的学习和思想教育工作,相应分解了班主任工作的压力,充分发挥了全员育人的作用。这样,更多的学生,特别是寄宿在校的学生,在思想、生活和学习等方面都能被老师及时关注到。学生可以找班主任或随时找其他"导师"交流;同时我们也要求老师——导师,定期主动与所"承包"的学生沟通交流,耐心细致协助做好学生的思想政治教育工作,以便学生能以较好的思想和精神状态投入学习中,共同促进学生健康成长。但随着班主任的快速成长和良好校风学风的形成,后来逐渐就不再实行了。应该说,它作为解决问题的权宜之计或一项措施,在相当长的一段时间内,切实发挥了较好的作用,虽说是治标之策,但也为治本赢得了时间。

"N佳学生",生生不一样的精彩

马克思指出:理论一经掌握群众,也会变成物质力量。理论只要说服人,就能掌握群众;而理论只要彻底,就能说服人。所谓彻底,就是抓住事物的根本。当学校以"为了每位学生一生的成功和发展"为核心宣言的一系列先进理念逐渐被教职员工理解和认同后,这些理念也变成了巨大的物质力量并在课堂教学、学生管理、德育等学校教育工作各方面释放。用激情、智慧与热爱浇灌的教书育人之花也竞相开放,一如夏花之绚烂。"N佳学生"评选,就是其中一朵美丽的花。

"N佳学生"是基于学校办学理念,按照赏识鼓励教育原则,每学期在全校开展的一项类似"三好学生"评选的表彰活动。"N佳学生"有几个层面的意思,一是按照省、市文件表彰的学生荣誉;二是学校层面常规表彰的学生荣誉;三是由班主任或德育处等有关学生管理部门根据学生的表现,提请学校层面予以表彰的学生荣誉。应该说第三个层面是"N佳学生"评选中最具特色和创意的。突出表现在:首先,此种荣誉的项目不固定、人数不固定；其次，提名权在班主任或德育处等有关学生管理部门，学生也可推荐受表彰的学生，当然也可自我推荐，但需班主任审核；再次，每学期在开学典礼上予以隆重表彰，学校重视和被学生珍惜在意程度高。

孟子曰："夫物之不齐，物之情也。或相倍蓰，或相什百，或相千万。子比而同之，是乱天下也。巨屦小屦同贾，人岂为之哉？从许子之道，相率而为伪者也，恶能治国家？"我们在一棵树上是找不到完全相同的树叶的，在一片沙漠中，也是不会找到完全一样的沙粒的。学生的差异性与多样性，亦如这大千世界一般，是差异与多样的统一，是原本如此的。"N佳学生"的评选是鉴于当时学生的文化成绩相对低，而要求每位学生都考上本科甚至名校并不现实的客观情况，同时为避免学生面对高考自暴自弃，防止自信心因文化成绩不理想而受到打击，进而影响学生对未来美好生活的向往和积极乐观向上向善的追求所采取的教育措施之一。教育者之于被教育者，当扬长补短、扬长避短、辛勤化育、静待花开。实践表明，学生三年的在校学习与生活，还是在德、智、体、美、劳等方面得到了发展的。首届学生高考成绩与有关学生成长的问卷调查结果就是最好的回答。虽现在看来不算什么，可在当时，的确是不可想象的。

首届毕业生高考成绩统计：一本上线3人（含招飞1人），二本、三本上线63人，本科上线合计66人，专科一批上线200人，专科二批上线（以上）401人。

学生品德、素质等非智力因素的全面发展情况统计：

①现在比过去更爱学习的占47.4%；

②纪律和规则意识比之前"增强、明显增强"的占68.5%；

③责任意识比以前"增强、明显增强"的占80.8%；

④文明素质比入校前进步幅度"很大、大"的占74.7%；

⑤综合素质和能力变化"很大、大"的占77.7%；

⑥综合素质和能力提高受学校影响"很大、大"的占61.4%；

⑦三年来您变化最大的是综合素质提高和品德意志磨砺的占87.0%；

⑧ "很喜欢、喜欢"学校的占80.1%。

问卷调查

亲爱的同学们：

你们好！

三年高中学习生活一晃就要过去了。作为首届学子，在你们即将离开母校时，为了了解您在校学习期间的学习和生活，也为了使您曾就读的学校进一步发展，特向您了解三年来您成长过程中的感受、收获和对母校的建议。本次调查采取无记名方式，请您实事求是填写。在您认为合适的选项打"√"或者在"＿＿"上填写相关文字。不要遗漏或出现空白。谢谢您的合作！

安阳市开发区高中
2009年6月

第一，基本情况。

1. 您的性别　　　　A：男　　　　B：女
2. 您的出生地　　　A：乡镇　　　B：城市
3. 您所在的班　　　A：理科班　　B：文科班

第二，关于三年来的综合感受。

以下各项是您三年来的学习、行为、品德等综合方面的描述，请根据实际情况进行选择（请注意本题为单选题）。

1. 您是否觉得现在比过去更爱学习了：

　　A：是　　　　B：不是　　　　C：与过去一样

2. 您学习成绩的提高幅度是：

　　A：较大　　　B：大　　　　　C：不太大

3. 您的纪律和规则意识比以前是：

　　A：明显增强　B：增强　　　　C：一样

4. 您的责任意识比以前是:

A: 明显增强　　　B: 增强　　　　　C: 一样

5. 您认为自己的文明素养比入校前进步幅度是:

A: 非常大　　　　B: 大　　　　　　C: 无差别

6. 您的综合素质和能力变化是:

A: 较大　　　　　B: 大　　　　　　C: 不太大

7. 您认为学校坚持让跑早操是:

A: 很有价值　　　B: 价值不大　　　C: 没有意义

8. 您认为学校对学生的要求和行为规范管理是:

A: 很严　　　　　B: 严　　　　　　C: 不太严

9. 您认为学校对学生的学习抓得:

A: 很紧　　　　　B: 不太紧　　　　C: 松懈

10. 您认为学校的校风是:

A: 好　　　　　　B: 一般　　　　　C: 不太好

11. 您认为学校的学习风气是:

A: 很好　　　　　B: 一般　　　　　C: 不太浓

12. 您认为老师对学生的关爱程度是:

A: 很爱　　　　　B: 一般　　　　　C: 不太爱

13. 您认为总的来说老师的课上得还是:

A: 很好　　　　　B: 好　　　　　　C: 不太好

14. 您认为老师的综合素质整体上是:

A: 很好　　　　　B: 好　　　　　　C: 一般

15. 您的综合素质和能力提高受学校影响是:

A: 较大　　　　　B: 大　　　　　　C: 与学校关系不太大

16. 您认为老师为了您的健康成长付出的是:

A: 很多　　　　　B: 多　　　　　　C: 不太多

17. 综合考虑您对母校是:

A：较喜欢　　　B：喜欢　　　　C：不太喜欢

18. 学校的校训是：

A：厚德、博学、勤俭、拓新

B：乐教、求精、慈严、启智

C：乐学、睿思、求是、躬行

D：崇文、尚德、至真、至美

第三，关于自己、老师和学校的看法（本题是多选题和填空题）。

1. 您最喜欢上的课是：

A：语文　B：英语　C：数学　D：物理　E：化学

F：生物　G：政治　H：历史　I：地理　J：音乐　K：美术

L：体育　M：计算机技术

2. 三年来您变化最大的是：

A：综合素质的提高　　　　　B：学习成绩的提升

C：品德意志的磨砺　　　　　D：挖掘了自己的潜能

3. 您最喜爱的老师是（可以写0～5人）：

_____

4. 三年中您最不满意自己的是：

_____

5. 您最想对学校提的建议是：

_____

　　作为筹建组负责人和首任校长，我曾亲身经历和见证了这所新建学校（高中）从无到有、艰苦创业、艰难起步、稳步前行，脚踏实地、步步为营，连续三年招满学生，并在首届学生的成长发展与高考成绩等办学质量上，展现出了超乎业界与社会期待的表现。马克思主义唯物辩证法关于内外因辩证原理告诉我们，内因是指事物的内部矛盾，是事物自身运动的源泉和动力，是事物发展的根本原因；外因是指事物的外部矛盾，是事物发展、变化的第二位原因。内因是变化的根据，外因是变化的条件，外因通过内因起作用。新建学校是当时社会和教育事业发展的客观历史需要，是人民群众的迫切呼唤和政府的英明决策，是教育部门和学校选址所在地各级领导的高度重视以及社会各界的关怀支持的产物。如果要对学校建设和建校初期的发展进行正确归因，以上因素是不能不谈的。人生苦短，我是一个不太怀旧的人，总是渴望创造，面向未来。但为了更好地前行，那些在学校建设发展中涌现出来的可歌可赞、可敬可佩的人，总在我脑海中挥之不去。比如，当建设资金尚未到位，学校所在地集体决策破例允许工人提前进场搭建围墙的村两委；比如，为了确定钻探勘查位置搁下饭碗火速赶往现场确认边界的老村长；比如，建设中永远有求必应，但拒绝吃请的学校所在地区的各级相关领导；比如，被村民误解，莫名其妙被拳击后忍受委屈顾全大局的年轻筹建人员；比如，冒着风雨还在维修教学楼却不幸被钢梯砸断两根手指的工人以及见此情景飞奔而去不料因脚滑当场被摔蒙的两位后勤人员；比如，连续三年无论再忙也要挤时间，雷打不动地参加学校的开学典礼并发表重要讲话的教育局局长。比如……比如……尽管在那个地方，我仅仅度过了短暂的五年时光，但发生了我"一千零一夜"也讲不完的故事。有人说时间可以冲刷一切，我以为，岁月不败奉献者，并激励向着目标奔跑的人。毋庸讳言，如果只讲外因，不讲内因，那也不是一个自觉的真正的辩证唯物主义者。其实，这所新建学校（高中）本身具有的质的规定性——新建高中阶段教育机构，就决定了如果抓住了主要矛盾并遵循教育机构内部的矛盾运动规律，学校势必按其应然状态发展。当初，作为学校领导班子集体智慧的结晶——高度凝练的先进正确的教育理念及其宣言文字，正是体现并顺应了新建学校的发展规律，才使理念引领新建学校发展，成为一种办学实践途径；也正是全体教职员工的认同并无怨无悔且创造性地贯彻执行，才打破业内人士所说的"第一年招满，第二、第三年未必能""即使招满了学生，教师没有学生管理经验，一定会出乱班，从而功亏一篑""即便没有乱班，没有高三教学经验的老师也教不出好的高考成绩"等等顾虑与担心。我非常荣幸，有机会参与了这所新学校的筹建，并在学校的建设与发展的实践中，不断学习，磨砺心智，改造主观世界，积累治校经验。这还让我在对的时候，遇见了对的人，做了对的事。学校能有值得被称道的成绩，无疑，是内因与外因共同作用的结果。当我写作这一部分的时候，正值2024年巴黎奥运会乒乓球比赛激战正酣时。作为一名乒乓球爱好者，我在为王楚钦与孙颖莎勇夺混双冠军高兴之余，也为因王楚钦主拍被踩坏而止步32强感到惋惜，同时也为樊振东要独当一面冲击男单冠军感到担忧。虽然最终男单冠军花落谁家难以预料，但樊振东在1/4决赛中，信念坚定，为国争光，面对困难时的爆发力，努力做出改变并赢下比赛实现了绝地逆转，让我无比动容。我也祝愿并坚信，他一定会笑到最后，一如中国夺得混双金牌后，王楚欣接受采访时说"愿用生命换这枚金牌"的大无畏精神。毛泽东说过："人总是要有点精神的。"谁都知道生命只有一次，不是不珍惜生命，但干工作就要发扬"一不怕苦、二不怕死"的精神，要有"粉身碎骨浑不破，要留清白在人间"的气节。客观地讲，在那所学校的五年，是锻造身心、受益匪浅的五年；也是殚精竭虑、忘我工作的五年。据妻子说，我那时经常说梦话，基本是在念叨学校工作，而且我也曾在办公室因劳累过度、血压骤升、脑血管痉挛而瘫倒在沙发上被紧急送往医院治疗。在此，我也非常感谢那位累得气喘吁吁跑步从距离学校1公里左右的村里借来血压计为我测量血压的后勤主任。他的行为，让我感动，我没齿难忘。有一种工作，你没有经历过就不知道其中的艰辛；有一种艰辛，你没有体会过就不知道其中的快乐；有一种快乐，你没有拥有过就不知道其中的纯粹。

新建学校（高中）这五年的实践，不仅使我对校长要"做正确的事"有了更加深刻的认识与理解，而且也让我在学校的建设和发展中，加强了自我身心的建设。也许是这五年的经历与表现，我又一次被组织安排到另一所熟悉而陌生的学校。那是2009年的暑假，当时我正在华中科技大学进修在职博士研究生课程。一天，教育局新领导打电话联系我，说组织上有意派我负责另一所正处级学校的工作，由于干部管理使用的规定，需要先以党委副书记和副校长的名义主持学校全面工作。当时听后第一反应是，不打算去，但又不便说其他，便直截了当地问新领导，为啥叫我去？不去行吗？因为之前的老领导曾希望我参与一所新建高职学校的工作，由于我当时一心只想做基础教育，没敢面见老领导，便发信息婉言谢绝。谁知新领导也直截了当地说，没有比我更合适的了。既然如此，我还能说啥。苟利"学校发展"以，岂因祸福避趋之。不知是意气用事、敢于担当，还是被信任感动，就这样带着组织的嘱托，带着对要做正确的事的认知，开启了新的征程。可没想到，这一去就是十年，夫妻两地生活3600多个日日夜夜，从"四十不惑"之年，跨到了"五十而知天命"之年。

二、以文化人：老牌学校发展的价值取向

有人说：许多许多的历史，才可以培养一点点传统，许多许多的传统，才可以培养一点点文化。许多许多的文化，才可以培养一种习惯。我想，充分发挥老学校的优秀历史传统文化，该是学校发展的价值追求吧。正如叶圣陶说："教育就是培养习惯。"

2009年8月，那是秋天的某一天，是组织安排我到安阳市第二实验中学报到履职的日子。早上起床后，妻子不无动情地说"送君别有八月秋，飒飒芦花复益愁"。是啊，"七月在野，八月在宇，九月在户，十月蟋蟀入我床下"。岁序更迭，秋天总是既让人想到收获，又让人感到伤怀。回想我与妻子从相识、相知到结婚成家的风雨人生路，基本是聚离参半。她总是为了生活，放弃优越的工作环境和个人发展，而我基本上是为了工作，放弃了原本在一起的安稳生活。此去经年，又是一次不知归期何日的人生之旅。

古希腊哲学家赫拉克利特说："人不能两次踏入同一条河流，因为新而又新的河水不断地往前流动。"我却两度来到同一所校园工作。其实即将奔赴的学校对我来说，可谓既熟悉又陌生。学校位于滑县老县衙遗址，距离我

老家1里左右，小时候还曾多次与小伙伴进校园玩耍。而且学校曾是我参加工作努力奋斗的起点，也是我校长之路的出发点。那年大学毕业，几经周折的我，最终来到了这个地方。十三个春夏秋冬在此，辛勤耕耘，直到参加公选校长，才挥手告别那个滋养我成长和历练我的地方。不过那时学校属于中等师范学校，是小学教师的摇篮。学校在全省乃至全国闻名，办学非常出色，被誉为农村师范的典范，校长还应邀参加了全国教育工作会议，并得到党和国家最高领导人的接见合影。如今这所学校已被改制为普通中学，而且办中学教育时间不长，特别是受地理位置等因素的影响，学校发展尚处于爬坡上升阶段。所以，当我再次踏进校园，举目四顾，百感交集，顿生无限感慨。一下子就想到了刘禹锡那首《再游玄都观》中"百亩庭中半是苔，桃花净尽菜花开。种桃道士归何处，前度刘郎今又来"的诗句，并写下了"辛巳春别园丁园，秋风难梦刘郎还。物是人非花何处，祛寒抱团三冬暖"，以表达再回学校工作的主观感受。不过学校办学历史悠久，而我对学校的印象，还停留在离开时的记忆中。

一所老牌学校，一所经历了历史变革阵痛的学校，该如何迅速发挥优势，克服不足，守正创新，做出正确的办学选择，在新的赛道上跑出自己的加速度，是摆在新一届领导班子集体面前必须回答好的问题。怨天尤人，将于事无补；自暴自弃，终自毁前程。唯有直面现实，群策群力，在"不确定中"寻找"确定"，在"变化中"追求"不变"，走好属于自己历史阶段的长征路，续写辉煌。

在"认识你自己"中明确方向

古人云："知人者智，自知者明。"人不仅要能识人察人，更要正确认识自己的能力。古希腊哲学家苏格拉底也把"认识你自己"作为自己的哲学宣言，强调人就应该不断审视和认识自己，不断研究自身所面对的生存或者生活问题。其实对一个组织、一所学校来说，何尝不是如此，也要不断反省自身，思考"我是谁，我能做什么，我要到哪里去"，面对不断变化的时代和发展形势，该如何做出正确的选择，以顺应时代变迁和自身发展的规律，行稳致远。这是一个值得思考的问题。

我以为，平常我们说某人工作思路清晰，并不是简单顺口说说而已，其必然蕴含着某人的自我认知、智慧和能力，否则，不可能做正确的事。待人处事生活，有时要难得糊涂；工作干事，不可麻子混着豆子，要小葱拌豆腐，拎得清，看得明。而一个人要有清晰的工作思路，离不开对自身以及周边环境的客观认知。有时想做正确的事，仅有付出是不够的，必须明白自己能干什么、该干什么，做到方向准、目标明，力所能及。否则，可能事与愿违，南辕北辙。网上有一则关于"00后"的桥段，有人说，年轻人就应该努力奋斗，"梅花香自苦寒来"。"00后"曰："梅花香是因为它本来就香，你认不清自己，再苦寒也没用"。虽然是个段子，但也可以说明认清自己的必要性。当然，如何认清自己，如何了解一所学校的现状、发现问题并把握其发展，也是要有科学的方法和工具的。

上任伊始，对任何一个校长来说，深入调查研究都是必不可少的。尽管这所学校于我并不陌生，大学毕业刚参加工作就来到这里，参与并见证了学校的快速发展。至今我仍清晰地记得，当年自己是如何纵身一跃，跳到学校教学楼前站在那尊陶行知汉白玉雕塑的底座上，引导吊车，轻抚雕像的上半身，将之与雕塑的下半身严丝合缝贴合在一起。我对学校领导为什么要在教学楼前摆放陶行知雕塑的意义也有一定程度的理解：当年学校是中师，又地处农村，目标是培养面向农村的小学教育人才，而人民教育家陶行知先生1927年创办的"晓庄试验乡村师范"，是我国乡村师范教育的发祥地，其象征意义不言而喻。当年学校就是要秉持陶行知"千教万教教人求真，千学万学学做真人"的办学理念和"捧着一颗心来，不带半根草去"的赤子之心，潜心育人，学高为师，行为世范。作为自己老家门口的学校，作为自己最青春美好时光的刻录机，我对其历史变迁与发展，还是略知一二的。但此一时彼一时，岂可同哉。特别是学校已经开展中学教育多年，可以带着情怀去干工作，但首先还是要放下并预防成见，实事求是，尽快熟悉情况，形成感性认识，并不断将了解的情况经过理性思考加工，形成初步认识与判断，之后再深入调研，如此不断深化，得出合乎理性的判断，真正把握学校的客观实际情况，从而做出正确的价值选择与决策，更好地为学校发展服务。

工欲善其事，必先利其器。科学研究需要用合适方法，处理数据需要用合理工具，学校发展性诊断，也需要用适切的科学方法与工具，以便发现、分析、解决问题。记得当年是坚持抱着"功成必定有我"的担当和"功成不必在我"的境界，积极主动问政于民、问需于民、问计于民，多次召开不同层面的座谈会。并在充分调研熟悉情况后，确定采取时间"四象限"法和 SWOT 分析法，进一步厘清什么是学校当下最需要解决的，以及事关学校持续健康发展的？既立足当下，又剑指未来，在现实与未来之间选择一座桥，"一桥飞架南北，天堑变通途"。所谓时间"四象限"法，是美国的管理学家科维提出的一个时间管理理论，首先是把工作按照重要和紧急两个不同的程度划分为四个"象限"；之后再按照先是既紧急又重要的，接着是重要但不紧急的，再到紧急但不重要的，最后才是既不紧急也不重要的处理顺序划分。所谓 SWOT 分析法，它是由旧金山大学的管理学教授于20世纪60年代提出来的，基于内外部环境和条件下的态势分析，所以又称态势分析法。SWOT 分别代表：strengths（优势）、weaknesses（劣势）、opportunities（机遇）、threats（威胁）。这种方法，是一种能够较客观而准确地分析和研究一个单位现实情况的方法。它能将与研究对象密切相关的各种主要内部优势、劣势和外部的机会和威胁等，通过调查列举出来，并依照矩阵形式排列，然后用系统分析的思想，把各种因素相互匹配起来加以分析，从中得出一系列相应的结论，由于是对研究对象所处的情景进行全面、系统、准确的研究，所以可以根据研究结果制定相应的发展战略、计划以及对策等。其实结论通常都带有一定的决策性。当然，作为科学的世界观和方法论相统一的马克思主义哲学，始终是指导我们工作的根本大法，无论是改造客观世界还是主观世界，我们都不能丢掉这个看家本领。要坚持理论联系实际，一切从实际出发，实事求是。既不能故步自封，也不能急躁冒进；既要看到前途是光明的，又要看到道路是曲折的；自觉运用联系的、运动的、发展的观点分析解决问题，自觉坚持用唯物辩证法的否定之否定规律想问题、办事情。特别是对新任领导班子来说，如何处理传承与创新发展的关系，尤其重要。客观地说，每一任学校领导班子，都希望学校发展，每一任领导班子都在特定历史条件下，基于自身的认知水平能力，做了自身认为能做的，且大都是自我认可、自我感觉良好的，没有谁说自身做得不好的，可能会谦虚地说在某些方面有遗憾或还不够。但"政声人去后，民意闲谈中"，老百姓心中自有杆秤。但学校的发展是由包括领导班子在内的全体教职员工和学生在原有基础上共同创造的，学校的发展是通过自身的辩证否定实现的，是肯定方面和否定方面的统一。当肯定方面居于主导地位时，事物保持现有的性质、特征和倾向；学校之前的优良传统、政策与做法被继承下来。而当否定方面战胜肯定方面并居于矛盾的主导地位时，事物的性质、特征和趋势就会发生变化；新的要求与策略就要代替那些影响阻碍学校发展的旧的不合时宜的做法。这不是简单的抛弃，而是变革和继承相统一的扬弃。优秀老牌学校的发展正是这样在一任接着一任干的领导班子团结带领下，经过否定之否定，每一阶段都是对前一阶段的否定，同时它自身也被后一阶段再否定，在更高的阶段上重复旧的阶段的某些特征，构成学校不断周期性螺旋式上升和波浪式前进的发展过程，这体现出学校发展的曲折性。方法得当，事半功倍；理论清醒，行为才会自觉合规。当手段和目的相统一，并选对科学的方法和工具后，学校究竟该如何发展，自然就不是问题了。

在反复酝酿和论证的基础上，学校最终确定了未来5～10年的发展策略：弘扬学校艰苦创业、敢为人先、追求卓越的办学精神，以建设学校文化为核心，以文明（单位）校园创建为抓手，以文化人、立德树人、潜心育人，促进学校各项工作再续辉煌。正是基于这样的办学策略，学校面貌显著改善，教学质量稳步提高，学校美誉度持续提升。老牌学校，尤其是优秀老牌学校持续保持较高办学水准不容易，想显著提高办学水平更难。"人望山，鱼窥荷。"每一所学校都在其"领头雁"的带领下，以不同的方式寻找学校自身发展的方向与目标，但回望学校发展历程，在学校办学历史中，积极寻求学校未来方向，特别是充分发挥学校文化因素，坚定文化自信，在守望中发展，在发展中传承，以文化人，正如"养其根而俟其实，加其膏而希其光。根之茂者其实遂，膏之沃者其光晔"。让学生汲取深厚文化滋养，在文化味弥漫的校园浸润下，健康成长成才发展，不失为老牌学校持续向好发展的价值取向。文化是教育的根本，从某种程度上说，教育即文化，是人与文化的双向建构，是与自己、他人、文本、世界的相遇与对话。文化可以涵养、浸润、引领，所谓"上善若水，水利万物而不争""随风潜入夜，润物细无声""蓬生麻中，不扶自直"是也。但好的教育文化不是简单的灌输，不是机械的填鸭式的喂养，而是用耕田种地般的精耕细作，尊重它自然生长的特点，学会等待，减少教育的浮躁与功利，重在培养孩子良好的学习、生活习惯，为学生未来的发展奠基。

建设文化气息弥漫的校园

提到文化，可谓见仁见智。有人说：文化就是知识和学历，上过学的人有文化，学历越高越有文化；有人说：文化看不见、摸不着，但能感受到那个味儿，味儿越浓就越有文化；有人说：当大家都看到夕阳下的七彩云时，说出真好真美的人，没有说出"落霞与孤鹜齐飞，秋水共长天一色"的人有文化；有人说：具备作家梁晓声所说"根植于内心的修养、无须提醒的自觉、以约束为前提的自由、为别人着想的善良"的人，才是有教养的真正有文化的人。虽然文化是一个泛在的概念，似乎是"没有真相，只有阐释"，大家对"文化"一词有不同的表述、认识与理解，但有一点是可以确定的：存在文化，文化是有差异的，文化是可显与不可显的统一。

关于"文化"的定义，据统计有二百多种。个人比较认同的说法是：文化是一种社会现象，是人们长期创造形成的产物；同时又是一种历史现象，是社会历史的积淀物，有文治教化的功能。它是指一个国家或民族的历史、地理、风土人情、传统习俗、生活方式、文学艺术、行为规范、思维方式、价值观念等，是人们在社会历史实践过程中所创造的物质财富和精神财富的总和，特指精神财富，如教育、科学、文艺等。学校文化是一所学校在长期的教育实践过程中积淀、演化和创造出来的，并为其成员所认同和遵守的价值观念体系、行为规范准则和物化环境风貌的一种整合和结晶，主要包括物质文化（环境和设施）和精神文化（教育思想、教学观、道德观，思维方式，校风、行为习惯等）。学校文化也有文治教化的作用，并通过可显的物质文化和隐形的精神文化协同作用，达到教书育人、以文化人、立德树人的目的。正如毛泽东在《新民主主义论》中所说，"一定的文化（当作观念形态的文化）是一定社会的政治和经济的反映，又给予伟大影响和作用于一定社会的政治和经济"。

　　基于对文化和学校文化的理解，学校在文化建设方面主要从两方面着手做起。一是把学校以往办学历史传统与当下学校的育人目标相结合，丰富发展提炼出了"与孔子为友、与真理同在、与优秀同行"的校训，并在不断的广泛学习和解读以及学校其他教育教学活动中，加强对这一核心价值观念体系的理解与认同，进而将这一校训所表达的含义，内化于心，外化于行，成为师生未来人生与工作的独特信念、基本遵循和价值取向。二是完形赋义，新建或整合承载学校精神文化的校园小品景观等物化景致，让校园成为文化的存在。"郁郁乎文哉，吾从周。"置身其中，犹如在知识的海洋中漫步，仿佛沉浸在文化的自然中呼吸，俯仰之间都能感受到浓浓的书香。比如，放大图书馆优势，让图书馆"走进"学生中间，让学生读书唾手可得。在教学楼和办公楼等校园内适当地方增加无人管理和自我管理开放图书点，方便学生随时可以阅读，并美其名曰"采芹人"（意为读书人，源自《诗经·鲁颂》"思乐泮水，薄采其芹"）、"三余书吧"（源自三余读书，"冬者岁之余，夜者日之余，阴雨者时之余也"，寄望学生珍惜时间，勤学不辍）和"文心阁"（源自刘勰《文心雕龙》一书，希望学生博学、审问、慎思、明辨、笃行等），而且文字也都用大家书法集字而成，材料大都选用中国传统制匾木料而做，本身就有坚定文化自信，弘扬优秀传统文化，以及落实国家教育方针，加强审美教育的作用。比如,在图书馆和合堂教室增挂木质匾额"秋声书院"(源自欧阳修"秋声赋",而且据《滑县志》记载,学校是当年欧阳修通判滑州时的办公场所)和"拙诚堂"(源自老子《道德经·第四十五章》"大巧若拙"和《韩非子·说林》"巧诈不如拙诚",希望学生诚实守信,自觉践行社会主义核心价值观)。比如,将学校散放的嘉靖、乾隆年间被当地政府列入文物保护的与当地历史有关的石碑断碣,集中统一建成了"滑台遗址碑林:一个存在的记忆",并将其作为校本课程基地,供学生观瞻研习。将当年周公第八子封滑的故事以及墓地遗址修复,并编辑成小册子"守望现在的存在"和"一种高贵的单纯"供学生研究性学习,加强学生的家国情怀教育。这些富有教育意义的校园文化遗址景观,还被当地政府拍成纪录片予以广泛宣传。再比如,把学校内的老花园长廊修旧如旧,并在长廊和凉亭柱子上加挂著名楹联"风声雨声读书声声声入耳,家事国事天下事事事关心""有志者事竟成,破釜沉舟,百二秦关终属楚;苦心人天不负,卧薪尝胆,三千越甲可吞吴""效苏秦之刺股折桂还需苦战,学陶侃之惜时付出必有回报"等传统木刻楹联近20副,而且每副楹联都精心挑选,集字自古代王羲之、颜真卿等大书法名家,师生穿梭其间,既可欣赏玩味,又可涵养品德、陶冶情操。"灵山多秀色,空水共氤氲",无处不在的物化的精神具象,无时不熏陶着师生。"引起学者清醇之兴趣,高尚之精神",潜移默化,陶冶激励人。"染于苍则苍,染于黄则黄。所入者变,其色亦变,五入必,而已则为五色矣"。学校的物质基础(我们学生周围的一切陈设也包括在内)——这首先是一个完备的教育过程的必不可少的条件;其次它又是对学生精神世界施加影响的手段,是培养他们的观点、信念和良好行为习惯的手段。我们把孩子周围的一切都利用起来,为他在德、智、体、美诸方面的教育服务。用环境、用学生自己创造的周围情景,用丰富集体精神生活的一切东西进行教育,正如苏霍姆林斯基所认为的,创造良好的学校环境"是教育过程中最微妙的领域之一"。

重廉俭文化,浇筑人生底色

如果说高中阶段教育主要肩负为高等学校输送人才的任务，那么，让人才持续发展进步，让清廉成为人生的底色，也应该是学校基于学生一生的发展，教书育人，落实立德树人根本任务的应有之义。自古至今，选人用人，莫不是德才兼备，以德为首。《左传》中"太上有立德，其次有立功，其次有立言，虽久不废，此之谓三不朽"，三不朽中"立德"是放在首位的。东汉王符在《潜夫论·忠贵》中说"德不胜其任，其祸必酷；能不称其位，其殃必大"，强调的也是"德"在治国安邦中的重要性。学校还摘录这句名言，挂在学校小会议室的廊柱上，时刻提醒领导干部并相互勉励。其实教育方针说的"培养德智体美劳全面发展的社会主义建设者和接班人"，也是清清楚楚、明明白白地把"德"放在第一位的。而廉洁自律，则是德的重要体现，特别是对那些手中握有公权的人。君不见先进人物抑或楷模典范，哪一位不具备崇高的品德情操；君不见贪官污吏，即便曾为国为民做出巨大贡献的人，哪一位不是因自身不廉而锒铛入狱，成为阶下囚或人民的罪人。也许每位走上不廉的人归因有一万个，但廉者永葆廉洁的原因只有一个：不想不廉！康德说过："有两样东西，越是经常而持久地对它们进行反复思考，它们就越是使心灵充满常新而日益增长的惊赞和敬畏：我头上的星空和我心中的道德法则。"一个人若像对"头顶的星空"敬畏一样，始终坚守自己心中"廉"的执念，恪守"心中的道德"，我想，没有什么是可以让"廉者"不廉的！为此，学校积极开展廉洁教育，把廉俭作为学校文化的重要组成部分，纳入学校文化建设中。

当时主要做了以下几个方面的工作。

营造良好的办学生态。办学，领导班子及其成员，要自觉带头讲政治、守法纪、懂规矩，要严以律己，廉洁自律，以上率下。俗话说得好，上梁不正下梁歪。特别是作为"班长"，更要自觉带头敬畏法纪、遵守规矩，严格要求自身。"其身正，不令而行；其身不正，虽令不从"。治校，要坚持全面从严管理，坚持民主集中制，坚持公开公平公正原则，坚持基建维修、人事提拔、职称晋升、评先评优、绩效考核等"三重一大"问题集体研究。持续加强师德师风建设，营造艰苦奋斗、干事创业、教书育人和积极向上、向善、向廉的风清气正的工作局面，让师生员工切实感受到学校廉洁、高效、务实的氛围和气息。

说到艰苦奋斗，尽管我极度不想再去回忆，可那段艰难困苦、玉汝于成的岁月已然刻在心间，让人久久难以忘怀。其实，再回首，那段另类的坚守，或许成了自己独特的风景。

前往学校报到前，已听说学校债务存在大问题。但实际报到后才发现，债务远超想象，而且没有可预期资金偿还的条件，再加上办学设施年久失修等诸多因素，想保持正常运转都比较艰难，更不用说更好发展了。怎么办？唯有艰苦奋斗、勤俭办学。发展中存在的问题，要靠发展来解决。学校本身曾靠自强不息、艰苦奋斗的中华民族精神，抑或说是自力更生、艰苦奋斗的红旗渠精神创造了辉煌的发展历史，此时要改变学校的窘境，仍需依靠不屈不挠、艰苦奋斗的光荣传统这一传家宝来实现。你能想象出来，为了节约资金，采买人员在元旦过后再去买台历发给职工吗？你能想象出来，在冬天推迟打开空调时间甚至不开空调取暖吗？我们学校，我们大多数领导干部，我自己，就是这样做的，而且一坚持就是10年。在夏季，自己一边流着汗，一边自我安慰：俗话说得好，心静自然凉。更有甚者，在寒冷的冬天自己也这么违心地自嘲道："心静自然热""人是要有一点精神的"。正是依靠这种精神的力量，经过几年不懈奋斗，学校终于又可以想啥时打开空调取暖就打开。可我们，已经习惯了推迟。不是我非要选择这种"苦行僧"般的生活，而是当初的生活原本就这样。突然想到了很早读过的《钢铁是怎样炼成的》那本小说，似乎明白了更多，若有所思地说：钢铁就是这样炼成的！学校精神是学校文化的核心和灵魂，学校在悠久发展历史中形成的勤俭办学、艰苦奋斗精神，是学校全体人员共同创造并沉淀下来的宝贵财富，理应得到弘扬和传承。

筹建廉俭石刻牌匾园。是一种"此时无声胜有声""润物细无声"的方式之一。想法出来，设计出来了，预算也有了，但缺少资金。石头自己不会制造，木质刻字牌匾自己也做不了。利用双休日和八小时以外，奉献出劳动力可以，可这是技术活，"术业有专攻"。退一步说，即便是个粗活，没工具和材料，也是巧妇难为无米之炊，这次看来光靠自力更生，的确干不了。世上无难事，只怕有心人。怎么办？去"化缘"呀！既然是有益之事，"不信东风唤不回"，有心人，天不负！经联系，学校附近一知名企业家，愿意无条件赞助3万余元，支持学校办教育。再次感谢与致敬，情系教育的企业家，你的善举与慷慨，绿荫子孙、恩泽后世，也激励我们更加努力，办好家门口的教育。

廉俭石刻牌匾园，位于学校教学楼和餐厅之间，也是学生通往宿舍和运动场地的必经之路。学生每天进进出出，要途经无数次，即使课间休息，不下教学楼，透过窗户往外看，也隐约可见。其被看见、被感知的程度，可想而知。不可否认，这是一个经过精心选择的地方。

廉俭石刻牌匾园共由三部分构成。一部分是由二十多块正方形石礅和一块精美石头组成的石雕群。正方形石礅上按照汉字的演变经历，分别刻有"廉"和"俭"字的甲骨文（商及商之前）、金文（周）、篆书（秦）、隶书（汉）、楷书（汉末）、草书（汉末）和行书（汉末）的写法。个别没有刻写，取义"不廉""不俭"，刻写的意思是"要廉"（取意于《晏子春秋·内篇》中"廉者，政之本也，民之惠也；贪者，政之腐也，民之贼也"和清代张聪贤《官箴》收录的"吏不畏吾严而畏吾廉，民不服吾能而服吾公。廉则吏不敢慢，公则民不敢欺。公生明，廉生威"）"要俭"（取意于《左传》中"俭，德之共也；侈，恶之大也"和李商隐《咏史二首·其二》中"历览前贤国与家，成由勤俭败由奢"）。大石头上刻有"爱莲者"。另一部分是用原木制成的六个牌匾，分别刻有古代关于清廉做官的典范人物故事，比如陆绩"拒收财礼、廉石压舱"的典故，"陶母封鲊"和"山民馈米"等典故。还有一部分是刻有"忠孝勇恭廉"等儒家倡导的为人处世品格的石牌坊和写有"正苑"（源自《易经》"蒙以养正，圣功也"）的砖墙。这三部分共同组成了学校廉俭文化的物质基础，之后还将此地称为"正苑金声"（源自《孟子·万章下》"集大成也者，金声而玉振之也"），旨在希望学生一身正气，亦廉亦俭，做德行高尚、才学卓绝的人。

宣讲阐释，入脑入心入魂。首先通过班主任和参与者的解读阐释，让学生对廉俭石刻牌匾园建设的背景、目的、意义有初步感性认识。之后通过定期和不定期召开主题班会、黑板报、主题征文、演讲比赛等丰富多彩的廉俭教育活动，让学生对廉俭有深入的理解。特别值得一提的是，学校还通过各年级语文备课组拟出材料作文，按照高考的要求，让学生练习写作。这种把学知、德育、备考相结合的宣传教育形式，形式新颖，效果好。不过，从中学就开始注重廉洁宣教，最终效果如何，可能难以预料，也有待未来学生的人生去检验。但努力不会注定失败。事实上这一做法，也得到了长期从事纪检工作者的认可。曾有两位前来学校检查工作的纪检组组长对学校建设廉洁文化，从中学生时代就加强廉洁教育给予高度赞扬，检查工作结束后，还主动要求在廉俭石刻牌匾园合影留念。也许大家曾看到过这则报道：1988年近80位诺贝尔奖获得者齐聚巴黎，有人问："请问您在哪所大学学到您认为最重要的东西？"一位白发苍苍的学者说："在幼儿园。"再问："在那里学到了什么？"学者说："把自己的东西分一半给小伙伴；不是自己的东西不要拿；东西要放整齐……做错事要表示歉意；午饭后要洗手；要仔细观察大自然。"所以，学校教育从来都不只是教知识，还有学会做人，养成好习惯。比如，"不是自己的东西不要拿"等自觉意识和好的行为习惯。可以肯定地说，这是一种积极地对学生人生负责的学校教育内容，这是正确的德育选择。相信通过在校三年的养成教育和耳濡目染，廉俭之风，定会吹皱学生那汪清澈的心泉；清廉之德，定会根植于心，永葆生命最亮底色，"不要人夸好颜色，只留清气满乾坤"，也势必会有利于"不敢腐、不能腐、不想腐"的社会风气达成。虽然教育不是万能的，但我们相信教育的力量，"化民成俗，其必有学；建国君民，教学为先"。

众所周知，具体地分析具体的情况是马克思主义活的灵魂，是马克思主义哲学的一条基本原则。老牌学校究竟该如何持续发展，也是要根据各个学校的不同情况采取不同措施，在矛盾普遍性原理的指导下，具体分析矛盾的特殊性，并找出解决矛盾的正确方法。当初，根据学校实际情况提出以文化人，续写学校新的发展篇章，这个策略实践证明，的确是一个牵一发而动全身的问题，正是抓住了这个符合校情的"牛鼻子"，才带动推进了学校教育教学质量的改进与提升和办学水平与社会美誉度的再提高，学校环境面貌和教职工整体精气神也发生了很大的变化。记得上级工会一位常务副主席来校参加某活动后，给我发信息："一个有文化的校长，带着一群有文化的人，在一个有文化的地方，做着有文化的事。"他对学校的评价，虽然旨在鼓励，但也从另一方面说明学校发展的策略选择是正确的，他看见了学校，感受到了学校的气息与温度。但我想说，学校的发展与人类社会发展一样都无法重来，也如人生一样。究竟有无更好的选择，也能长成现在的模样？也许有，也许没有。但发生的就是刚好，也终将被扬弃，这是历史趋势，一如黑格尔在《法哲学》的序言里讲的，"凡是合理的都是现实的，凡是现实的都是合理的"。老牌学校该如何再发展，需要具体问题具体分析，不能一概而论地照抄照搬。其实，即便是学校选择了正确合适的策略，也需要在发展中对具体问题具体分析每一阶段的矛盾特征，比如，文化建设在初期对学生发挥化育作用过程中以及相当长一段时间后，在时间、方式、方法等方面可能会出现不同的问题，不同的学生在不同时期也有不同的感受，如何整体而又每一阶段都高效发挥以文化人的作用，也是需要研究过程矛盾的特点；过程中矛盾的各个侧面也是有各自的特殊性，要注意加以研究；一个过程在其发展进程中常常又分为若干阶段，而每一阶段上矛盾的特点是不相同的，要认真分析研究；阶段上矛盾着的各个侧面也是各有特点，不可一律对待，亦须做具体分析，否则，也会犯主观性、片面性和表面性的错误，进而妨碍以文化人的效果，影响学校发展。尽管没有放之四海而皆准的金科玉律，"吃别人嚼过的馍没有味道"，但总是可以借鉴的。他山之石，可以攻玉。有时"抄作业"，也有收获，更何况站在巨人的肩膀上可以看得更远。拿来用，又何妨，只要不是"拿来主义"。

在文明校园创建中化育人

记得最早是在一次讲座中听闻,"文化是活的文明,文明是死的文化"之说,具体是何时、谁讲的已忘记,但当时令我耳目一新。文化是进行时、是动态演进的,注重过程;文明是过去时、是静态存在的,意在结果。我似乎一下子明白了文化和文明的联系与区别。作为一名教育工作者,所谓的知识分子,抑或大众心中的"文化人",虽不咬文嚼字,但对这两个概念,还是应有更深入的辨析和认知的。在汉字语境中,文化与文明尽管有一字之差,一定有其不同;二者又有一字之同,也必定有紧密联系。

文化,广义指人类在社会实践过程中所获得的物质的、精神的生产能力和创造的物质、精神财富的总和,是相对于经济、政治而言的人类全部精神活动及其产品。文化一词出自"刚柔交错,天文也;文明以止,人文也。观乎天文,以察时变;观乎人文,以化成天下"。文明,是指人类历史积累下来的有利于认识和适应客观世界、符合人类精神追求、能被绝大多数人认可和接受的人文精神、发明创造以及公序良俗的总和。"文明"一词,最早见于"见龙在田、天下文明"。在英语中,"文化"(culture)一词来自拉丁文,原意是"耕作"。不同的学者有不同的定义,英国的泰勒(教育学"六大人物之父")认为,文化或文明"乃是包括知识、信仰、艺术、道德、法律、习俗和任何人作为一名社会成员而获得的能力和习惯在内的复杂整体"。美国的克鲁克洪和克虏伯认为,"文化是历史上所创造的生存式样的系统"。巴格比给"文化"下的定义是"社会成员的内在和外在的行为规则"。文明(civilization)一词源于拉丁文"civis",原意是指城市的居民,本质含义是人民生活于城市和社会集团中的能力。引申义是一种先进的社会和文化发展状态,以及到达这一状态的过程。基于中西对"文化"与"文明"含义的比较学习,我认同"文化"与"文明"是两个含义相近、既有区别又高度关联的概念之说。文明是文化的内在价值,文化是文明的外在形式。文明的内在价值通过文化的外在形式得以实现,文化的外在形式借助文明的内在价值而有意义，我认同这种说法。文明指一种社会进步状态时，与"野蛮"一词相对立；文化指一种存在方式时，有文化意味着某种文明，但是没有文化并不意味着"野蛮"。也是基于对文化与文明的以上认知，才结合学校实际，提出了"以文化人：老牌学校发展的价值取向"这一发展策略，并在目的与手段相统一的文明校园创建中，春风化雨，以文化人。

文明校园（文明单位）创建，事关学生成长、学校发展和教职工切身利益，是任何一所学校都极其重视的。贵在创建，贵在过程，贵在化育而后成。不持续用先进文化的熏陶与滋养，不大可能有较高的文明素养；而没有较高的文明素养，也不会创建成功文明校园（文明单位），成为真正有文化的人。文明学生、文明班级、文明宿舍、文明学校的达成，就是学校文化育人过程与结果的统一。国家、省、市各级文明校园（文明单位）称号，是评价标准，也是发展的实际水准。建设学校文化与创建文明校园，用学校文化陶冶人与创建文明校园化育人，从根本上说是一致的。定期开展道德讲堂，是文明校园创建的必答题，也是建设学校文化的优选项。充分利用每一次道德讲堂，注重对学生进行思想政治教育，使道德讲堂与课堂教学以及其他实践活动融为一体，共同发挥育人作用，促进学生健康成长发展。这是学校一贯的坚持，事实证明，也是以文化人的好做法。可以负责任地说，学校开展的特定主题道德讲堂或在重要节假日开展的道德讲堂均受到好评，并被政府相关部门作为典型案例宣传。说实在的，作为教育者，希望每一期道德讲堂都讲好，能让被教育者受益多多。但往往不止如此，自己也被带入，每一次都深受教育，心灵得到净化。

记得那是2016年5月28日，雨后天晴，学校显得格外生机盎然。按照上级文明办要求，学校需要承办一期道德讲堂。那是一次富有创意、生动感人、别开生面的道德讲堂！它打破以往道德讲堂基本上是在室内举行的形式，把学校校园作为大讲堂。这是不是有点脑洞大开，与2024年巴黎奥运会开幕式一改历史上在体育场内举行而选在塞纳河相比，是否有异曲同工之妙？以弘扬社会主义核心价值观之"友善"重要方面为宗旨，以"与人为善，止于至善"为主题,以现代多媒体技术为手段,依据新课程背景下课堂改革之思想,大胆创新,举办了一期引领良好道德风尚、继承中华优秀传统文化的道德讲堂。那次参加道德讲堂的300多名师生员工纷纷表示,形式新颖,内容丰富可感,思想性与艺术性高度统一,是一次走心入骨的思想道德教育课。我也被深深震撼和感染,与参加讲堂的其他人一样,久久不愿离去,想到这所具有悠久历史、历经沧桑的学校的昨天、现在和未来,禁不住深情地说:清晨/推开窗/像无数个清晨一样/透过窗/远眺/清新/扑过来/来不及躲闪/醉了/古滑台遗址/这风中弥漫的深情。讲堂结束后,心情难以平静,又欣然命笔,写下打油诗三则。

参加道德讲堂感怀(三则)

(一)

遗址学府涌春潮,舞乐和鸣余音绕。
借得西湖千担水,浇筑友善道德桥。

(二)

核心价值当引领,立德树人要记牢。
莫叹客观看主观,倾心实干困难逃。

(三)

悠悠殿堂藏龙虎,人勤地灵春来早。
九天他日可摘果,蟾宫折桂众逍遥。

人生能有几个十年,人生奉献岗位又有几个春秋,而我将自己生命中最美好的年华都奉献给了这个地方,当然也是见证我成长发展的地方。当年大学毕业,几番周折最终来到此地时,这里还是中等师范学校,之后离开9年再度而归。虽不才,但自认已尽心竭力了,尽管还有太多的遗憾与不尽如人意的地方。比如,作为中学教育,尚未培养出中国顶级学府的人才;未能根本解决学校办学地址问题;等等。也许这就是宿命吧,功过自有评说。有缘相遇,但不足够好,问心无愧吧。在历经10个春秋后,我结束了夫妻两地生活,回到了曾经婉言谢绝,而又不得不来的学校,开启了自己另一种打开人生社会的方式。说来也巧,今天是2024年的七夕,此时差5分钟不到下午3点,我还在没有空调的办公室写着。也许早已习惯了这种苦行僧般的生活,虽尚未吃午饭,但浑然不觉。突然想到了一句歌词,情不自禁哼唱起来:"一个是阆苑仙葩,一个是美玉无瑕。若说没奇缘,今生偏又遇着他,若说有奇缘,如何心事终虚化?"

在这万千山水流转之间,不知是我寻着明月而来,还是原本皓月就在心中,为你等待,默默地婉约着那心动的时光。2019年的那个秋天,我还是跨过万水千山,为你而来——安阳职业技术学院和安阳广播电视大学(现继续教育学院),直到退休。

三、典礼仪式:不只是中小学校不可或缺

问曰:"错过了高山,错过了大海,怎么办?"答曰:"别再错过与众不同,别再错过我——每个工作间隙都是你的大学时光(Every Break is Your College Time)。"

安阳职业技术学院是新建高等职业学校,于我不算陌生。早在2009年就曾被临时抽调,参与其筹建大概一个月,在接受教育部专家团队验收前的一个月,我和其他同事一起,负责办学用土地、设备设施等其他验收任务。在接受验收攻关阶段,参与的人不算多,大都是从其他单位抽调的"临时工",但各司其职、各负其责,既要干好本单位的工作,还要做好负责的临时筹建

任务。那时加班加点是常态，印象最深的是，验收的前两天，都是干到凌晨1点多才回家。虽然没有误餐费，也没有加班费，但大家任劳任怨，没有一丝怨言，心中只有一念：确保通过专家组验收。记得在得知顺利通过验收后，大家如释重负，在筹建组办公楼前的台阶处，拍了一张合影，算是对圆满完成阶段性筹建任务的奖赏。但学校没有忘记曾为学校流过汗水的人，在拍学校一纪念短片期间，还专程请我们到学校来叙旧。感谢学校不曾忘记，我只是力所能及地做了一些谁遇到谁都会去做的事。看到学院现在美如江南的校园风光和取得的巨大办学成绩，想象当年筹建和在一片未开垦的荒地上参加开工奠基仪式的情景，由衷地为学校赞叹，为筚路蓝缕、不懈奋斗，在短时间内就书写职业教育发展辉煌的人们点赞。

至于安阳广播电视大学（现安阳开放大学，为方便叙述，下文仍称为广播电视大学或电大），原本是有其美好记忆的。而且早在高中时代就知道广播电视大学，当年自己喜欢学英语，就买了陈琳编著的中央电大英语教材，并时不时跟着他在电视上学英语，从而知道了广播电视大学是一所很特别的大学。在那个大学教育匮乏，但人们渴望获得知识、提升学历、增强本领的年代，广播电视大学作为利用现代广播电视技术传播知识的正规成人高等学校，还是一个让人尊敬并仰视的地方。我虽从未走进，但还是尊敬有加的。之后风闻招生不景气，办学教学问题突出，便逐渐失去了好感。但万万没想到的是，某年某月的某一天，我却来到这里，并主要负责这所学校的行政工作。既来之则安之，服从，是一个领导干部的首要素养。

其实，深入走进后我发现，广播电视大学与其他成人高等学历教育一样，没想象中的好，也没想象中的差。曾作为高等学历补偿教育的主力军之一，在高等教育普及化的今天，仍然肩负着解决教育公平，为当地经济社会发展培养高素质人才的任务。同时，也要实事求是地分析，在现代信息技术高度发展的时代，广播电视大学系统办学的体制与分配机制以及特别的教学形式和人才培养模式，是优势与劣势兼而有之的。再者，原电大基本上都被并入当地高等职业技术学院，与全日制或弹性学制并行，发展中也的确存在问题。

该怎样发展，独立还是融合？需要用马克思主义的立场、观点和方法，去具体问题具体分析，正确处理整体与部分的辩证关系。整体与部分是既相互区别又相互联系、密不可分的，它们相互依赖、相互影响。整体是事物的全局和发展的全过程，从数量上看"整体"是一；部分是局部，指组成事物整体的各个部分、方面以及发展的各个阶段，从数量上看"部分"是多。电大与学院，电大自身内部之间，电大与国家、省开放大学，全日制职业教育与成人职业教育等，都存在整体与部分的关系。它们在事物发展过程中的地位、作用和功能各不相同。整体居于主导地位，统率着部分，具有部分所不具备的功能；部分在事物的存在和发展过程中处于被支配的地位，部分服从和服务于整体。但我们也应看到，部分的功能及其变化会影响整体的功能，特别是关键部分的功能及其变化甚至对整体的功能起决定性作用。当然，整体的功能状态及其变化，也会影响到部分。因此，要树立全局观念，善于系统思维，办事情要从整体着眼，寻求最优目标。搞好局部，千里之堤溃于蚁穴，使整体功能得到最大发挥。反对只重视局部利益而置整体利益于不顾，把整体和部分割裂开。同时还要处理好全局与局部、当前与长远的辩证关系。

人才培养质量是任何学校的生命线，不论高校还是中小学，也不论是全日制还是成人教育，抓教育质量提升是永恒的课题。怎样抓？俗话说，"杀猪杀屁股"，一个人一个杀法。我们遵循内外因辩证关系原理，根据学生实际情况，选择了自我教育和教育相结合的方式。充分关注成年学生的精神世界，依靠老师的精神力量去影响学生的心灵，从而帮助每个学生发展自身获得创造美好生活的能力，回归教育本质：唤醒与激励。"教育的本质意味着，一棵树摇动另一棵树，一朵云推动另一朵云，一个灵魂唤醒另一个灵魂"。为此，我们把开学典礼、毕业典礼和入学教育作为切入点，通过这种极富仪式感的教育形式，以点带面，旨在唤醒与激发成年学生学习的内在动机。作为校长，我也精心准备，充分利用开学典礼和毕业典礼这一重要契机，与学生面对面交流思想感悟，权当在"上课"吧。以下是部分讲话或致辞。

选择远方　一往无前

——杨杰在国家开放大学新生开学典礼上的讲话（2019年10月23日）

同志们、朋友们、同学们：

在新中国成立70周年这一特别值得纪念的年份，在"霜叶红于二月花"的美好季节，我们相约在薄雾朦胧、秀美静雅、充满诗意的安职电大校园，您一生中一段特别的求学经历即将开启。首先，我谨代表安阳广播电视大学全体教师，向前来参加开学典礼暨开学第一课的同学们表示热烈的欢迎；向在繁忙的工作之余，还挤出时间、不辞辛苦、积极上进、学习不止的同学们致以崇高的敬意。你们所表现出的学习热情、对知识的渴望、克服困难的勇气、毅力和不断充实自我、提高自我、超越自我的精神风貌，以及更优、更高、更强的优秀品质，让我们钦佩，也将极大激励和鼓舞我们为您提供更好的服务。请相信你们的选择，请相信与知识同行的你们后面与你们一路同行的我们——安阳广播电视大学。

一、既然选择了远方，就要一往无前

不论你们报的是哪个专业，也不管你们出于什么目的来学习，你们也不要过多关注考试好不好过关，希望你们既来之，则安之。学习过程中难免会出现各种困难和问题，但不要轻言放弃，相信自己，坚定信念，选择无悔。只要按照学校课程计划和教学安排，坚持学习，按照亦师亦友的班主任老师的要求去做，保持电话畅通，一定会学有所获、学有所得、学有未来的，千万不可打退堂鼓半途而废，行百里者半九十，成功就是多坚持一会儿。

二、学历证或许重要，但更重要的是获得学历证的过程

拿到更高级的学历证书是目的，也很重要，你们也许真的很在意，否则可能就不来了，因为它可能涉及评职称、涨工资、提高待遇甚至带来其他可能想象不到的对自己有益的东西。对此我们充分理解和认同，而且会用最好的服务帮助你们达成目的。但我想，更重要的是，为了拿到证书你们需要克

服工学矛盾、妥善处理家庭事务、牺牲休息旅游聚会聊天的时间去读书学习、在线学习、复习备考这一痛并快乐着的经历；是通过东奔西走、寒来暑往、艰苦求学获得的知识、能力、素质、视野和学习力的提升；是妻子、丈夫、孩子、老人、同事、朋友在你们身上看到的积极向上、不断追求、努力让生活更好的进取心态和奋斗的样子。

三、通向美好生活的路没有近路，但你走的每一步，都算数

路是走出来的，"幸福都是奋斗出来的"。课程学分是一门一门学出来的，毕业证是课程学分一分一分积累起来的，安下心、别着急，一门一门学、一科一科考、一分一分积攒，再远的路，也没脚长。你走的每一步，都算数。奔跑吧，兄弟；奔跑吧，朋友。

"自古逢秋悲寂寥，我言秋日胜春朝。晴空一鹤排云上，便引诗情到碧霄。"希望你们在这秋日晴空中，犹如振翅高举的鹤，排云直上，发愤学习，筑梦未来。"一年好景君须记，最是橙黄橘绿时。"最后祝你们工作顺利、学习愉快、阖家幸福安康！

学不可以已

——杨杰在国家开放大学毕业典礼上的讲话（2020年6月12日）

亲爱的同学们、尊敬的各位老师：

2020年注定是不平凡的，你们的毕业典礼也因不平凡的岁月而注定刻骨铭心，由于众所周知的原因，今天你们中有十位同学要代表二百多名毕业生在此举行简短的毕业典礼。首先我谨代表安阳广播电视大学向你们表示衷心的祝贺，恭喜你们克服种种困难，工学并进，修完规定学分，考试合格，顺利毕业。也向曾陪你们走过这个世界、走向美好的班主任老师致以崇高的敬意！

同学们，几年国开大学亦工亦学的时光，你们收获的不只是一纸大学文

凭、同学友谊、师生情谊，还有自强不息、积极向上的奋斗精神，有坚信"我命由我不由天"不断超越自我的人生态度，也有根植于内心的文化素养和大道无形"于无声处听惊雷"的坚毅品格，以及谁也抢不走的你不断增长着的学习力。当然在你们求学的过程中也不乏遗憾，我们的学习服务难免有不尽如人意的地方，但"凡是过往，皆为序章"，我们会择其不善而改之的，在此也谢谢你们的理解和支持。下面我为大家分享几句古语与大家共勉，也算是毕业临别赠言吧。

一、"学不可以已"

这是一个快速变化发展着的时代，这也是一个终身学习的时代，未来也是一个学习型的社会。取得文凭不是目的，希望同学们今后不管干什么，也不论工作多忙，都要挤时间始终加强学习，时时处处学习，在不断的学习和积累中增强并提升自己的核心竞争力即学习力。可以不会，也可以无知，但应该知道如何才能知、如何才会。切记别把学习当口号，要让学习成为自己的生存方式，我学故我在。

二、"近朱者赤，近墨者黑"

俗话说，跟着啥人学啥人。希望同学们及时识别并远离负能量和消极之人，否则就会"如入鲍鱼之肆，久而不闻其臭，亦与之化矣"，要择友而友之。任何时候都不轻言放弃，始终保持积极、乐观、向上的奋斗姿态，向一切消极的东西说"NO"。

三、"德有邻，必不孤"

其实自古以来就注重德行修为，名言名句俯拾皆是，比如："才者，德之资也；德者，才之帅也。"厚德载物。《左传》言："太上有立德，其次有立功，其次有立言虽久不废，此之谓不朽。"《世说新语》"德成智出，业广惟勤，小富靠勤，中富靠智，小胜靠智，大胜靠德。"作为"国开"老师，真诚希望并祝福你们德才兼备，将在"国开"的学习成果转化为你们和家人更美好的生活，在今后的工作中取得一个又一个更大的胜利。如果在工作生活学习中遇到什么困难，请到电大来，这里永远是你们共同的家。

亲爱的同学们，"六月飞将远，三冬学已精"。如今你们学有所得，即将告别工学两不误的电大生活，也到了我们说再见的时候，此时此刻，我想用宋代杨万里的《晓出净慈寺送林子方》，来表达我此时的心情，并作为我讲话的结束语："毕竟西湖六月中，风光不与四时同。接天莲叶无穷碧，映日荷花别样红。"

祝你们和家人生活更美好！祝老师们工作愉快，阖家幸福安康！

Learn and live（活到老，学到老）

——杨杰在郑大、南开、工大毕业典礼暨学位授予仪式上的讲话（2020年6月22日）

亲爱的同学们、同志们、尊敬的各位老师：

"年年岁岁花相似"，但在我们有限的生命中总有那么一年、一天、一刻，注定让我们印象深刻，比如今天，公元2020年6月22日，在新冠疫情肆虐全球、中国也尚未解除风险的今天，我们南开和郑大网院毕业生代表以及部分老师在这里举行简短毕业典礼暨学位授予仪式，这注定会成为我们不能忘却的记忆。在这个神圣而难忘的时刻，我谨向顺利完成学业以及被授予学士学位的同学们表示热烈的祝贺，向兢兢业业、悉心指导你们的老师表示衷心的感谢，向关心支持你们一边工作一边学习的家人和亲人们致以崇高的敬意。前几天我在"国开"毕业典礼仪式上分享了"学不可以已""近朱者赤"和"德有邻必不孤"三句古语，勉励大家要终身学习、远离消极负能量和做人处事要以德为先。今天我想讲三句英语名言，与大家共勉：

一、Knowledge is power（知识就是力量）

当下不管我们是否愿意承认，学历证书，在一定意义上就代表着知识、能力和智慧，虽然有的文凭和资格证书的含金量有差异，但我们总不能说没文凭、没证书比有文凭、有证书的更富有知识、能力和智慧。所以这就意味着我们要想拥有更多的选择、更多的机会、更大的进步和发展，就要不断学习知识，提高能力，获得证书和文凭。有文凭不多啥，没有真缺啥。与其说知识改变命运，知识就是力量，毋宁说"文凭"改变命运，"学历"就是力量。

二、Learn and live（活到老，学到老）

在这个科技迅猛发展的时代，在这个学习型的社会里，一切都在变，但唯有不断地学习是不变的。今天你们大学毕业也好，拿到学位也好，这只是一个阶段的结束，要想开挂的人生持续开挂，就要秉持终身学习理念，不断完善自己的知识结构，提升文化素养，增强自身竞争力，自觉成为一个"好知者""乐知者""善知者"，让学习成为习惯。

三、God help those who help themselves（自助者，天助之）

俗话说，不如意事常八九，工作上难免有低谷，生活也未必事事尽如人意，希望同学们、同志们在未来的日子里，不管遇到什么困难和挫折，都要调整好心态，积极乐观，不怨天尤人、不自暴自弃。相信命运掌握在自己手里，"没有什么救世主，也不靠神仙皇帝"。要自强不息，坚信"幸福都是奋斗出来的"，自助者，天助之。

同学们，"非学无以广才，非志无以成学"。昨天，你们用坚毅和执着，克服常人难以想象的困难，留下了奋斗的足迹和一个个感人的学习故事，收获了沉甸甸的弥足珍贵的果实，用无可争议的事实证明了自己能、自己行、自己是优秀的。

今天，你们将暂时告别亦工亦学的生活，带着对美好生活的向往开启别样的人生。希望你们重整行装再出发，我坚信并深深地祝福，明天，你们的人生会更加出彩！

印度诗人泰戈尔说过："无论黄昏把树的影子拉得多长，它总是和根连在一起的。"同学们，如果需要，我们一直在线。

祝各位同学越来越好！祝各位老师工作愉快！

学习是一种信仰

——杨杰在国家开放大学新生开学典礼上的讲话（2020年10月20日）

尊敬的班主任老师、同学们、朋友们：

陪我们走过又即将离我们而去的2020年，无论是作为数字，抑或在汉语时序纪年的语境下，势必会以《史记》的方式因生命的交响而载入人类社会发展史册，也在叩问毋宁说拷问每位亲历者，该怎样更理性地对人、生命、自然、社会、国家、政治、经济、文化等及其关系以形而上的回答。当然，你们即将开启的国家开放大学学习之旅，也注定因这年、这事和你们这样的选择，而必然成为你们不能忘却的记忆。有人说："主宰命运的不是机会，而是选择。"我不知道你们究竟是出于什么原因选择了我们学校，也不知道你们是如何认识和看待你们即将开启的亦工亦学的人生旅程，但我清楚地知道，我是发自肺腑地为像你们这样边工作边上大学的选择称道，我佩服你们的决心和勇气，欣赏你们以梦为马、不知老之将至的奋斗姿态，敬重你们不断丰富人生、超越自我、追求更好的精神。而且每参加一次这样的开学典礼仪式，这种敬佩之情就会愈加浓厚、愈发深沉和强烈。因为，不管时代如何变迁，也不论你们现在如何，学习，仍是让你明天变得比今天更好的唯一方式。所以，此时，如果有人问我，若用一句话来表达你此刻的想法，我会不假思索地说，学校欢迎你！敬，把学习当信仰的你们！

下面我想与你们和另外二百多位未能到校参加开学典礼仪式的学生，分享两个小故事。

故事一

从前有个湖，湖前有栋楼，楼里有所学校，有年秋天学校正在举行全国考试，由于个别考生不符合公共健康防控考试要求，被婉言谢绝进入考场，大多数考生都能理解支持，但有几位考生不理解不配合，其中一位还拿出手机面对主考和考务人员自编、自拍、自配音，扬言要发到网上，"让地球人都知道你们不让考试耽误了我的大事"。后来经再三解释他总算消气了,问他干吗发那么大火,他说自己有职称,工作也不错,挣钱也不少,之所以再上大学主要就是给孩子做个榜样,他笃信只有不断读书学习才能改变命运,过上更加美好的生活。给孩子说了今天要考试,大老远跑来结果没考,不好给孩子交代啊。同学们,朋友们,这是今年9月份发生在我们学校我亲身经历的真人真事,听了他的解释后,当时我顿生敬意,为自己工作做得不够而深感内疚,同时对他的不配合多了几分理解和同情,也对他刮目相看,由衷地为他身教胜于言教的做法点赞。他,一个普通的父亲,悄悄地以他能想到的方式、行动甚至是偏执,试图去影响和告诉他的孩子他认为对的:把学习当信仰,点燃自己,也照亮他人。

故事二

关于苏格拉底甩手臂的故事。可能有人已经听说过,我们不妨再温习一下。大家知道苏格拉底是大哲学家,有一天他在给学生上课时说,"同学们,今天我们不讲哲学,我们只做一件最简单也是最容易的事,每个人把胳膊尽量往前甩,然后再尽量往后甩"。

苏格拉底示范了一遍,说:"从今天开始,大家每天做三百下,能做到吗?"学生们都笑了:这么简单的事,有什么做不到的?过了一个月,苏格拉底问学生:"哪些同学坚持了?"教室里有百分之九十的学生举起了手。一年过后,苏格拉底突然又问学生:"请告诉我,最简单的甩手动作,有哪几位同学坚持做到了今天?"这时整个教室里只有一个学生举起了手,这个学生就是后来成为著名哲学家的柏拉图。

同学们、朋友们,你们做出上大学的选择真的不容易,在工作和繁忙的家务琐事之余以及其他诱惑面前,仍坚持学习会更难,所以,希望你们不要行百里者半九十,能从苏格拉底甩手的故事中有所启发,圆梦二〇二二。同时我也负责任地说,在你们追梦的路上,我们电大认真敬业、有态度有厚度有温度、新时代最可爱的优秀班主任老师,会尽心尽力、尽职尽责、尽一切可能，为每一位学生提供你们需要的学习支持服务，帮助你们圆梦。

最后我想把王国维的人生"三境界"送给同学们，与大家共勉，也衷心祝愿同学们、朋友们，明天的生活更美好！第一境界："昨夜西风凋碧树，独上高楼，望尽天涯路。"第二境界："衣带渐宽终不悔，为伊消得人憔悴。"第三境界："众里寻他千百度，蓦然回首，那人却在，灯火阑珊处。"

行而不辍　未来可期

——杨杰在国家开放大学毕业典礼上的讲话（2020年11月27日）

尊敬的各位老师、同学们、朋友们：

大家上午好！

在"冬天已经来了，春天还会远吗"的诗意期待中，今天我们电大国开学生在这里在线同步举行毕业典礼，首先我谨代表学校，向三年来克服种种困难，坚持完成学业，修满学分、顺利毕业的748名学生表示热烈的祝贺并致以崇高的敬意！为梦想付出不懈努力的人，值得每一个人尊重。"不经一番寒彻骨，怎得梅花扑鼻香。"回望三年来你们工学并举的学习工作生活，每一门课的学习、作业和考试，无不浸透着你们的心血和汗水；每一个学分的获得，无不是家人鼓励支持的结果。在此，也让我们以最热烈的掌声向一路理解、陪你一起走过的亲人和为你们提供学习支持服务、不厌其烦、耐心解答、督促考试的班主任老师表示诚挚的谢意！

同学们、朋友们，我曾多次参加基础教育和其他职业教育的学生毕业典礼，参加电大教育的毕业典礼不多，但每参加一次都被同学们为美好而奋斗的精神、积极乐观的姿态、克服困难坚持学习的故事所感动、激励和温暖着，心灵也受到震撼和洗礼，今天也不例外。此时如果我会唱歌的话，我真的想将Beyond乐队的《光辉岁月》和Secret Garden乐队的《You Raise Me Up》献给大家，可惜我心有余而力不足。下面还是分享三句名言与大家共勉吧！

一、凡是过往，皆为序章

毋庸讳言，取得大学毕业证，是你们期待已久的人生的重要阶段性成果，也是你们拥有一定知识技能的重要凭证。在当下，也许是工作事业发展的敲门砖，于你们也许真的有用，但也应该认识到，它仅代表过去，不表明未来，更不必然意味着美好，以往的一切，都只是个序曲。余生，有更好的风景，值得更好的你，希望你们"而今迈步从头越"，登高望远，接续奋斗，去迎接更加精彩的人生。

二、行而不辍，未来可期

同学们、朋友们，习近平总书记说"社会主义是干出来的"，"幸福都是奋斗出来的"。美好祝愿和渴望代替不了现实的窘境和尴尬，天空不时会落雨飘雪，入诗入画，成就一代文学艺术大家。但天上绝不会掉馅饼，美好和成功不会不劳而获、不请自到，除了汗流浃背、汗流满面、挥汗如雨，别无二法。希望朋友们在以后的工作生活中，以抖擞的精神，饱满的热情，敦行不倦，求善不厌，向着自己的梦想出发，不要为自己留下"不是你不行，而是本可以"的遗憾。坚信虽"道阻且长"，然"行则将至"，若"行而不辍"，则"未来可期"。正像三年前你们不敢确定会有今天就大学毕业，但今天就是这样确定无疑一样，你们的美好明天也一定是这样确定无疑的！会且只会早来，绝不迟到！在此，我期待并深深祝福你们！

三、取法乎上，仅得乎中

古人云："取法于上，仅得为中；取法于中，故为其下。"做人也好，做事也好，定目标也罢，要"风物长宜放眼量"，放宽视野，定高目标，有格局，高标准，严要求，才有可能取得令人满意的成果。大道至简，知易行难，大家都懂，但有时真做不到，所以不是所有付出都能同样成功，也不是所有人都可以冠以伟大和不平凡，贵在知行合一，贵在持之以恒，贵在"嚼得菜根，做得大事"。也许对我们来说永远是"高山仰止，景行行止"，但希望你们要保持"虽不能至，心向往之"的追求，努力把不可能变成可能，把可能做到极致，唯有极致，方能出彩！

同学们、朋友们,岁往年来,寒冬是春的铺垫,让我们在静谧中积蓄和凝结生命的能量,去拥抱那崭新的开场。

最后,祝同学们工作顺利,前程似锦!祝各位老师阖家幸福安康!

让工作富于学习性

——杨杰在国家开放大学新生开学典礼上的讲话(2021年4月27日)

尊敬的各位老师、同学们、朋友们:

这是一个值得等待的春天!你,等人,等上班,等开学;我,等雨,等咖啡,也等你。因为你的选择,在即将告别温暖而缠绵的春日迎来热烈的夏天这雨生百谷时节,今天我们相聚在电大开放教育楼,在这里举行一场专属于你的开学典礼,首先,我谨代表学校向在现场和通过线上在云端参加开学典礼的新生表示热烈的欢迎!

一、一切艰难困苦都是收获,包括忍痛割爱

分享一位宝妈不甘落后、不甘平庸和不甘被时代淘汰带着孩子去考试的故事。

习近平总书记说,"人无精神则不立,国无精神则不强",毛主席说,"人总是要有点精神的",我们也许没有也干不出什么惊天动地的大事,但我们热爱生活,珍惜生命,憧憬未来。我们在追求更美好的生活和谱写生命更有意义的华彩乐章中也表现出了自强不息、勇于超越、积极向上的奋斗精神和不甘得过且过的情怀境界,这种奋斗精神和品节不仅值得书写,也同样令人感动。

朋友们,学历提升,什么时候都不晚,也没有完成时。如果你觉得能力和欲望不成正比,那就到安阳电大来上大学吧!每一个不曾闻鸡起舞、发愤图强的日子,或许都是对生命的辜负。

二、鱼和熊掌可得兼,但不是立刻

孟子曰:"鱼,我所欲也,熊掌,亦我所欲也,二者不可得兼,舍鱼而取熊掌者也。"其实这句话的本意不是说二者必然不可兼得,而是提醒人们在面对取舍时应该如何抉择。同学们,你们即将开启的一边读书、一边工作的生命模式,难免会碰到工作和学习甚至其他家务等的冲突,希望不要简单线性思维,非此即彼,要么这,要么那。要统筹协调,克服困难,激发唤醒自身潜能,最终做到工学两不误,鱼和熊掌得兼,创造属于自己更加美好的生活。同学们,只要相信自己,总会遇到惊喜的,难道不是吗?

如果说我们觉得中小学生发愤苦读是天经地义的,那么曾经因各种原因与大学擦肩而过,在面对工学矛盾中毅然选择再出发,去寻找原本应有的大学时光,着实需要勇气。这既是你们对命运不屈的别样表达,更是你们对美好生活的向往。嗯,没错,我确定,不管你们是因为什么而来,也不论你们是什么时候开始想出发,重要的是已经出发,这足以让我对你们充满敬意,不论现在还是将来。同时,我也有足够的理由相信,在通向美好未来的路上,你们,对,就是你们,绝不会行百里者半九十。假如有例外,我想,那一定不属于你。

朋友们,成功的路上其实并没有你想象的那么拥挤,与你上下班高峰时的路比差得远了,主要是因为总有人熬不到头,就在中途选择了放弃。但你们坚定的眼神告诉我,你人生的字典中没有"放弃"二字。

三、让工作富于学习性

这是一个信息瞬变的乌卡时代[1],这是一个终身学习的时代,信不信,想不想,愿不愿,它都是,都要来。不会因我们的意志就减缓它的到来或指鹿为马。所以,我们必须主动不断学习,就像今天的你们一样,持续拥抱一种对于有计划的、系统性的学习的真正承诺,而不是碎片化的浅尝辄止,否则是不能使自己拥有足够的能量来适应和应对这变幻无常的世界,更遑论肩负中华民族伟大复兴、家庭和自身对美好生活的期待。但值得欣喜并庆幸的

---

[1] 即不稳定性、不确定性、复杂性、模糊性的时代。乌卡(VUCA)是 volatility(易变性)、uncertainty(不确定性)、complexity(复杂性)、ambiguity(模糊性)的缩写。

是，今天你们的选择，已明确告诉我你们的态度，以及为此而做的努力和准备，对此我充满信心、期待和祝福，希望你们把学习当成一种生活方式，让学习成为习惯、成为一种生命自觉、成为你的一部分；让工作富于学习性，重新认识工作的价值和意义，重新思考工作、学习和生活的关联，重新审视自己和周遭的世界，使工作即学习和基于学习的工作，成为自身生命成长和生发过程的一部分，让这段亦工亦学的多彩经历，成为自己最充实圆满的美好岁月，在生命的万千山水流转和时过境迁之后，仍想重温这段精神体验。

而困而知　而勉而行

——杨杰在国家开放大学毕业典礼上的讲话（2021年6月1日）

尊敬的班主任老师、亲爱的同学们、朋友们：

花开孟夏，彰德新绿。今天我们相聚在开放教育楼，举行2021年春季国家开放大学毕业典礼，首先，我谨代表学校向你们和支持你们亦工亦学的家人表示热烈的祝贺和诚挚的敬意。这是一个应该庆祝的时刻，无论如何，你们终于实现了自己的大学梦想；这是一个值得骄傲的时刻，在工作和生活的多重压力下，也许你们有过彷徨犹豫，甚至想放弃，但你们最终咬紧牙关，坚持读完大学，及时毕业；这也是一个应该感恩的时刻，是亲人的陪伴、老师的鼓励、同学的相助，让你们坚定信心，自我超越。记得有句歌词是这样说的，"长路奉献给远方，玫瑰奉献给爱情"，但在你们毕业之际，我在想，"我拿什么奉献给你，我的朋友"。以往的毕业典礼，我一般是分享几句话，与大家共勉，但今天，我想让改变发生，接下来我们就一起温习《大学语文》中的几个片段，权当最后一课吧。"学而时习之，不亦说乎。"

片段1："当涂掌事，不可不学！"

初，权谓吕蒙曰："卿今当涂掌事，不可不学！"蒙辞以军中多务。权曰："孤岂欲卿治经为博士邪！但当涉猎，见往事耳。卿言多务，孰若孤？孤常读书，自以为大有所益。"蒙乃学。后鲁肃与蒙论议，大惊曰："卿今者才略，非复吴下阿蒙！"蒙曰："士别三日，即更刮目相待，大兄何见事之晚乎！"肃遂拜蒙母，结友而别。

此文既记叙了吕蒙在孙权劝说下开始学习，之后大有长进的故事，也赞扬了孙权、吕蒙认真学习的精神，并告诫人们学习的重要性。同时也告诉我们，不仅自己要好知、乐知、善知，还要激励带动他人读书学习上大学，让他人和社会一起进步发展。

片段2："而困而知，而勉而行。"

这是梁启超评价曾国藩的一句话，"其所遭值事会，亦终身在拂逆之中，然乃立德、立功、立言三并不朽，所成就震古烁今而莫与京者，其一生得力在立志自拔于流俗，而困而知，而勉而行"。

遇到困惑就要学习，勉励自己不断前进，即使千难万险也不屈服。曾国藩，没有超群绝伦的才华，天资也不聪慧，甚至在当时的著名人物中，被认为最愚钝笨拙的一位，而且究其一生也都是在逆境中。但他做到了"立德、立功、立言"，有较强的行动力、执行力，能困知勉行，知行合一。

片段3："居楚而楚，居越而越。"

《荀子》言："居楚而楚，居越而越，居夏而夏，是非天性也，积靡使然也。"和谁在一起真的很重要，与积极、乐观、豁达、向上、向善的人同行，他们就像一团火，时间久了，你就再也不愿回到黑暗了。"苔花如米小，也学牡丹开。"

同学们、朋友们，开放楼前镜湖水，春风能改旧时波。我愿意执着地相信，因为电大，你们未来依然可期。即使希望的琴弦断了，也要坚定不移用歌声，去追求未来。因为，每一个发愤努力的背后，必有加倍的赏赐。

最后，祝愿大家前程似锦，明天更美好！

只为汲取精神的滋养

——杨杰在大连理工开学典礼暨红旗渠班命名仪式上的讲话（2021年10月19日）

尊敬的各位老师、亲爱的同学们、朋友们：

时序金秋，盈车嘉穗，在这收获播种的季节，马元冬等9位同学，笃志博学，让两年半前的目标成为此刻的风景；任柯菲等35位同学今天再扬风帆，续写人生奋斗篇章，让更好从这里启航。在此，我谨代表有近40年悠久办学历史的电大全体教职工，向你们表示热烈的祝贺和诚挚的欢迎！

知识照亮前程，历史告诉未来。9位同学的荣誉必然被写进电大历史并成为璀璨的一页，因为学校不再与南开、郑大继续合作办学。35位同学也注定创造电大历史，点亮学校历史长河的璀璨星空，你们是学校办学历史上第一个被冠名的班级，也是第一个以"红旗渠"命名的班级，这既是一份荣誉、一种力量，更是一种责任、情怀和期许。

关于红旗渠的故事和精神你们耳熟能详，红旗渠是我们中国林州在20世纪60年代，用人力在太行山上壁立千仞的悬崖峭壁上凿石挖渠，硬生生开出的一条"人工天河"。五十多年过去了，当年修渠时那隆隆的开山炮声、钢钎铁锤的交响曲，也许早已湮没在历史深处，但先辈们当年引吭高歌的呐喊，"林县人民多壮志，敢教日月换新天"的铮铮誓言，共产党人为了人民、依靠人民的担当情怀，仍在太行山和红旗渠以及一代又一代人的心中回响。红旗渠是艰难岁月里一代人的集体记忆，红旗渠精神是红旗渠建设者在修渠过程中用刚毅执着、用倔强豪气、用生命智慧凝成的精神意志、内在力量、民族魂魄，是中华民族自强不息、不屈不挠奋斗精神的重要体现。它生发于林州，却根植于太行，发端于中原文化，是对中华优秀传统文化的传承、彰显和发展。正如习近平总书记所说，红旗渠精神"历久弥新，永远不会过时"。它将继续同中国共产党人其他精神谱系一道，响彻在天安门广场、响彻在神州大地。

今天我们举行开学典礼暨红旗渠班命名仪式，就是庄严宣告，当年叩击太行的前辈离去后，愚公移山的故事还有人讲述，可以感觉却无法触摸的至真至美的红旗渠精神还在传承和弘扬，中华民族的精神家园总有人在守望。我坚信同学们一定会汲取精神的滋养，在红旗渠精神的照耀下，克服工学生活中的各种困难，坚持完成学业，让未来赢在第二次起跑线上。"天下事有难易乎？为之，则难者亦易矣；不为，则易者亦难矣。"若怀揣梦想，决心去做一件事情时，山碑可为您做证，太行山会为您低头，整个世界也都将为您让路。

同学们、朋友们，岁月也许可以风化坚硬的太行山石，但中华民族的精神不可、不该，也不会随风而去。唯愿我们一起汲取红旗渠精神的滋养，敢想敢干、团结协作，"卓然独立，雅行修身，越而胜己，崇德向善"。为了对美好生活的向往，为了中华民族伟大复兴，去谱写生命的咏叹，创造更加美好的明天！

旦旦而学　久而不怠

——杨杰在国家开放大学新生开学典礼上的讲话（2021年10月26日）

尊敬的各位老师、亲爱的同学们、朋友们：

"今日云景好，水绿秋山明。"在这"霜叶红于二月花"的季节，在中国共产党成立100周年、纪念辛亥革命110周年的特别年份，在党的十九届六中全会即将召开之际，我们在这里隆重举行2021年秋季开放教育开学典礼。首先，我谨代表学校向700名新生表示热烈的欢迎！也衷心感谢你们对开放教育的信任，并选择电大来继续教育，发展自身，去获得创造更美好生活的能力。感谢国开，让我们在此相遇，也很荣幸还有机会能与大家交流。

以往我大都是分享三句话与大家共勉，但今天，你们是我的偏爱和例外，我多说一句，虽是"新腔重弹旧调的余响"，但动听与否都将化为歌唱。下面我就"不说三，只道四"。

一、终身学习（包括上大学），已经不是一个人的优点，而是这个时代的标配

"从来没有一个时代像今天这样需要不断地、随时随地地、深入广泛地、快速高效地学习。"当我看到你们搁置手头的工作，毅然决然如约来参加入学教育或在网上收看开学典礼仪式时，我似乎感受到了你们的"配置"和澎湃的动力，依稀听到了你们与时代同频共振、同向而行的铿锵脚步声，此时此刻，在这个地方，我仿佛也看到了你们的未来。时代在召唤，一起向未来，Together for a Shared Future！

二、多读一年书真的能提高收入，但教育不只是为了收入

2021年诺贝尔经济学奖得主乔舒亚和吉多的研究结论是："多上一年学，本身对一个人日后的收入水平就是有正向影响的，这一影响不是由其他因素造成的，而纯粹是由教育带来的回报。接受12年教育的人比接受11年教育的人收入增加12%，接受16年教育的人比接受11年教育的人收入高出65%。"

李井奎教授在《大侦探经济学》中写道，2018年深圳市公布的学历工资指导价位为本科学历工资指导价位平均值为每月10122元，专科学历工资指导价位平均值为每月8059元，高中学历工资指导价位平均值为每月5620元，初中及以下学历工资指导价位平均值为每月4501元。

读书上大学的目的不只是为了收入，还要为人生增值赋能，还要"为天地立心，为生民立命，为往圣继绝学，为万世开太平"，为实现中华民族伟大复兴。

三、旦旦而学之，久而不息焉，迄乎成

同学们、朋友们，不管您是因为什么原因走进了开放大学，请不要抱怨命运多舛，也不要过度焦虑，更不必喟叹"早知如此，何必当初"。你的大学，虽姗姗来迟，但总归，它还是来了。也许，没你想象的那么好，但，也不会像你想象的那么坏，一切都是最好的安排，美好的事物无论来得多么晚，都值得原谅。何谓"大学"，我认为"大学"是一个地方，也是"四书"之一，

但更要大学、大大地学,长大后也要学。未来的工学生活对大家来说也许有所不便,但生活基于学、生命在于学,每一个自强不息、奋斗的生命,都将因为付出而变得丰盈、高贵和富于质感。你就是你读过的书,上过的学,走过的路,你就是你的经历。持之以恒,锲而不舍,不过三年,"自尔精进而不觉""而亦不知其昏与庸也"。

同学们、朋友们,从今天开始,你们就要开启一段特别的人生旅程,旅途中难免会有荆棘坎坷,相信你们一定会像抗美援朝战争中志愿军英雄杨根思所说的那样"不相信有完不成的任务,不相信有克服不了的困难,不相信有战胜不了的敌人"。用你们的坚毅、执着和信念,顺利完成学业。我们优秀的班主任老师也将一如既往,以师者的本分,用两年半的时光,温暖您从秋到春的记忆。"落霞与孤鹜齐飞,秋水共长天一色",正如田利芹科长曾说过的:"让我们彼此成就,共同成长和发展"。

菊花正美,柿子当红。祝大家事事如意,岁岁安好!

我在电大工作时间不长,大概近三年,正如在离开电大工作的职工见面会上所说,也只是一个正常的国家开放大学学生在校的时光。但作为改革开放初期应运而生,并伴随改革开放、社会发展的中国高等教育的异样类型,电大以其独特的人才培养方式和系统的办学体制,以及不分年龄、性别、身份、职业等的成年人(一般指参加工作后的人,不是法律意义上的年满十八岁的人)与学生一起,拓宽了我的视界,丰盈了我的生命,人生也因此多了些绚烂的色彩。假如不是近距离深度接触,一般还不太能发现这所公办大学与众不同的美好。那些来自各行各业的学生,能让你真切地体会到"是故弟子不必不如师,师不必贤于弟子,闻道有先后,术业有专攻,如是而已",尤其是师生相互学习,彼此赋能,教学相长(源自《礼记·学记》:"虽有嘉肴,弗食,不知其旨也。虽有至道,弗学,不知其善也。是故学然后知不足,教然后知困。知不足然后能自反也,知困,然后能自强也。故曰:教学相长也"),带给你专业发展的快乐和生活的惬意,时常让你充满无限感激与热爱。

这也是为什么我能在典礼仪式上讲述来自学生的典型事例的缘由。不用刻意去发现去寻找，感动和激励就在。

电大作为成人高等学历教育的主要承担者，随着更名为开放大学，其职能也许会有适当的变革，不论是担负学习型社会的建设，还是为全民终身学习（社区教育）服务，办学者都要学会透过现象认识本质，看清形势，把握事物发展规律，自觉用马克思主义唯物辩证法关于现象与本质的辩证关系原理分析研究问题。本质是事物的内部联系，是决定事物性质和发展趋向的东西。由事物内部矛盾构成，是比较单一、稳定、深刻的东西，靠思维才能把握。现象是事物的外部联系，是本质在各方面的外部表现，是丰富、多变、表面的东西，用感官即能感知。而假象从否定方面表现事物的本质，给人一种与事物完全相反的印象，掩盖着本质。所以，要不被假象所迷惑，把丰富的感觉材料加以"去粗取精、去伪存真、由此及彼、由表及里"，做出正确判断，采取正确措施，实现"从现象到本质、从不甚深刻的本质到更深刻的本质的深化的无限过程"。比如，系统办学、独特学教方式、注册入学、无围墙的学校等，这是电大办高等学历教育的表象，其本质是大学教育、是学历教育。而大学一定是学校，是教书育人的地方，不是加工厂；而大学教育一定是培养人的，教和育要遵循人才培养规律，不是生产产品；大学学历教育，一定是修完课程学分，满足毕业条件，方能颁发毕业证书的，而不是随随便便就能毕业的。

四、特色发展：薄弱学校办学的可选路径

"君子有所为有所不为，知其可为而为之，知其不可为而不为，是谓君子为与不为之道也！"

——《孟子》

相对薄弱的学校就是老百姓通常认为的"差校"或"不好的学校"。俗

话说，五个手指伸出来还不一样长呢，即便都是所谓优质均衡，城乡之间、区域之间、学校之间，还是会或多或少存在差异的。办所有人都满意的学校，也许是个哲学问题，或者只是办学者的一种价值追求或使命。因为人民的需要和满意度也是与时俱进、与日俱增的。当然这也不是说没有好学校，或成为不努力去办人民满意的学校的借口。除了社会上把中小学教育的升学情况当成好学校主要办学指标外，其实学校之间比较，还是有学校学风相对不浓、校风相对不正、办学条件相对差、教学设施相对陈旧、师资力量相对薄弱、管理理念相对落后等情况，从而成为相对薄弱校或欠发展学校。一定程度上看，老百姓的眼光是明亮的，家长和学生的自然选择是对的。不过，办学者要办好学校的目的之一，就是为学生提供更多好的选择机会，"各美其美，美美与共"，因为学生本身就存在差异，是多元智能的，成长发展的需要自然也是多样的。事实上，要办成一所好学校并使之持续成为一所好学校并不是轻而易举的事，有时也不是简单如鸡汤所说的努力不努力的问题。如果单说成为一所百年老校，可能只是时间而已，需要过程。但是，百年老校≠百年好校，要成为一所经久不衰的百年好学校，的确艰难、不易，且是需要综合因素促成的，比如，发展历史、硬件、软件等。其实，在特定的时空，老师、学生、学校之间是相互成就的。学生之于学校发展的重要性，是不言而喻的。想必这也是为什么孟子说"得天下英才而教育之，三乐也"的原因吧。假如学校办学方向正确，坚持有所为、有所不为，办学过程即使有低谷和曲折，只要锲而不舍、驰而不息，不怕路远艰辛，也不惧势单力薄、不被理解，终究是可以用脚步丈量到好学校的，也终能得到社会认可。假如，置学校历史传统等综合因素影响的办学实际情况于不顾，非要在短时间内达到什么样的办学程度，揠苗助长，违背客观实际，急躁冒进，假作为、乱作为；或破罐破摔，消极怠工，不努力寻求突破改善的不进取、不作为，这都是有违物质与精神辩证关系原理的非正确的世界观、人生观和价值观。事实上，越是这样的学校状况，越是考量办学者的情怀、担当、智慧和能力，需要办学者选择做出符合教育规律、学生身心发展规律和办学实际的育人目标、办学策略与相应治校举措。办学者,尤其是一校之长,就是要做正确的事,"自反而缩,虽千万人,吾往矣"。

我同意有些学者的说法,同级同类学校,在办学难度上有不同,但整体差别不太大。正如人们所说的,"幸福的家庭都是相似的,不幸的家庭各有各的不幸",学校也如是。每所学校都会遇到需要解决的所谓复杂难题和或这或那的烦恼,关键看办学者如何看、怎么办,如何找到适切的破解之道。我始终认为,在校长的视界中,如果办学起点相同,学校应该没有所谓的"好""差"之别,只有办学特色不同,或文化成绩见长,或文体见长,或理科见长或文科见长,或文理兼备以文或理为主,等等,不同特色的学校只是满足发展的侧重方向不同的学生而已,根本上是要培养德、智、体、美、劳全面发展的人。所谓相对薄弱校,也主要是从办学的硬性指标上说的。如果学校占地面积、师资、教学及其辅助用房、运动设施等可衡量可观的基本参数都达不到规范,毫无疑问是相对薄弱的学校。至于甲学校升学率高于乙校,则甲校比乙校好,未必真。请问,科学家、文学家、艺术家谁好?培养出科学家、文学家、艺术家的学校哪个好?所谓好学校,也大都基于学生的不同,确立不同办学特色,制定不同育人目标,采取不同教学策略,有类有教,因人而育,所谓因材施教是也。

作为校长,我曾先后在几个不同的学校服务,但最有感觉的还是那里,我公选去的地方。那个地方,是我校长之路的起点。或是初次当校长之故,抑或因热爱而爱,反正那个地方,总是让我怀念留恋,时不时有想去的冲动。尽管按当时学生家长的习惯说法,学校应该是属于"差校"或相对薄弱的学校。不过学校历史上曾有学生参加高考被清华大学录取的辉煌升学成绩。但同一所学校,同样的师资,在不同的发展历史阶段,口碑竟截然不同,当然学校后来又整体搬迁他处,现在发展蒸蒸日上,至少不再是传统意义上说的"差校"或"相对薄弱校"。其实,学校原本是企业所办,属于完全中学,初高中都有,当年公选之所以报考,也是因为学校是完全中学,而且刚被政府收编。学校在市区西北,我居在市区东南,开车也得40分钟左右,但若平日里有闲暇，公园什么的都可以不去，偏偏有去学校所在的那个地方的愿望，或要一盘莲菜馅饺子，或来一碗鸡蛋素烩饼，抑或随便转悠溜达也好，一想到当年自己（两地分居）"一人吃饱全家不饥"，或自己或与同事一起吃小吃、喝小酒的日子，郁闷烦躁的心立刻就平静下来，仿佛闻到了家乡"城南旧事"里的烟火气。虽然过去的同事曾邀请去玩，但几乎从未去打扰旧同事，只是回忆在一起为学生健康成长、为学校发展奋斗的美好时光。"吾本乘兴而行，兴尽而返，何必见戴？"

对世人眼中的相对薄弱校，我们当初所做的就是，全面落实国家教育方针，开齐开足国家规定课程，针对学生自信心不够强、学习行为习惯尚未养成，在立足于学生文化课成绩提升的基础上，着力加强在各种丰富多彩的文体活动中树立学生的自信心，在培养学生良好行为习惯中深化育人的办学策略选择，持之以恒，潜心育人，静待花开。正是"在活动中树自信，在习惯养成中促成绩"这看似不是特色的办学却成为学校的办学特色，学生的自信心逐渐提高，文化成绩也稳步提升，学生精神状态得到提振。虽然离大家的期待还有距离，但学校声誉终归是渐次好了起来。还是让我说说在校期间发生的不能忘却的两件小事吧。

记得那是冬季的某一天，住校学生要早起到操场上跑操，我因为值班，也提前来到了学校。其实于我来说，每天都会提前到校的，一则是自己一人在家，没啥事；二则是学校有学生，校长倘若不在，总觉得不踏实，万一有点什么情况，能第一时间在场。有人说，从正面看，你是责任心强，若从另一面说，你是心虚或对治校能力缺乏自信。我也不管别人怎么看待这件事，继续我行我素，那天刚进校门，就发现操场不远处有亮光，走近一看，是一名学生蹲在地上，手拿一本英语小字典，在旁若无人地背单词。不是凿壁偷光、囊萤照读，却胜似悬梁刺股。忽然想到了鲁迅《中国人失掉自信力了吗》那篇杂文中的一段话"我们从古以来，就有埋头苦干的人，有拼命硬干的人，有为民请命的人，有舍身求法的人，……往往掩不住他们的光耀，这就是中国的脊梁""为什么我的眼里常含泪水？因为我对这土地爱得深沉"（艾青《我爱这土地》）。那天的天气很冷，但我感觉分外温暖。想到他们初入校的中招分数以及刚入校时的学习行为习惯，我简直不敢相信这是真的。也许单论文化课成绩，这位学生走不进清华大学的校门，但清华大学"自强不息、厚德载物"校训所彰显的优秀品质还是可以修行达到的。进不了清华门，亦可成"清华"人。"天行健，君子以自强不息；地势坤，君子以厚德载物。"

另一件事，也是发生在早上上课前。当时，学校从加强校风校纪入手，要求学生上学着校服，上课不迟到，守纪律，懂礼貌，以期养成学生的良好行为习惯，学校特别规定上学迟到的学生进校门要先登记，然后请班主任问明学生迟到的原因，并把学生领到班里。一天早上，某班三位骑着自行车的学生迟到了，由于班主任前一天在班里强调并提醒过学生要早起吃饭不要迟到，谁要是迟到了，他既不去领学生也不去问原因。结果三位学生登记完后，便自觉站在学校大门口内一侧，并从书包里拿出书读。当时我分管学校学生处工作，在我了解到事情的来龙去脉后，尽管我认为班主任的出发点是好的，只是说法和做法有待商榷，但也不便立即发表自己的看法。我便径直走到学生面前对他们说："三位同学，请先把车放到停车处，我把你们送到班里。"接着我边走边说，"今天你们虽然迟到了，但我觉得有三点仍值得表扬，第一，你们今天穿校服了，说明你们正在按《学生在校一日常规》的要求去做，这一点值得表扬；第二，你们迟到后能按学校的要求先登记，说明你们有了一定的纪律观念，这种行为值得表扬；第三，你们在班主任未了解情况把你们领走之前，能自觉拿出书来学习，这种强烈的学习欲望和刻苦读书精神值得表扬。"三位学生默不作声，迅速把车放到停车处，又自觉地将车把和车轮整理整理，摆放规矩整齐。看到此情景，我又接着对学生说："今天你们第四个值得表扬的是能自觉按规范的、美观的要求摆放自行车。"快要到教室了，三位学生先后对我说："老师，我以后不迟到了。""老师，我错了。""谢谢您，老师！"听到这些话后我又对学生说："你们今天能认识到迟到不对，并打算今后改正，还很懂礼貌，这是你们今天虽迟到，但第五个值得表扬的，上课吧，我相信你们！"讲真，当看到学生的综合素质因学校老师的辛勤耕耘而在悄悄改变的时候，作为人民教师的自豪感油然而生。而且我根据这件事改写而成的"刻骨铭心的记忆"一文，还获河南省庆祝第二十届教师节征文比赛优秀奖。在此，我还是摘录泰戈尔的《用生命影响生命》那首诗来表达我的心情吧。同时也希望每一位校长，不管你在什么样的学校履职，都要以积极的态度和教育情怀，始终坚持做正确的事，尽心尽责，用自己的光，用信仰的力量，努力去办好学校。

用生命影响生命

泰戈尔

把自己活成一道光，

因为你不知道，

谁会借着你的光，

走出了黑暗。

请保持心中的善良，

因为你不知道，

谁会借着你的善良，

走出了绝望。

请保持你心中的信仰，

因为你不知道，

谁会借着你的信仰，

走出了迷茫。

请相信自己的力量，

因为你不知道，

谁会因为相信你，

开始相信了自己。

....

愿我们每个人都能活成一束光,

绽放着所有的美好!

当然,办学者,特别是对担任薄弱校的校长来说,在办学过程中,也要有充分的理性自觉,既要充分发挥主观能动性,调动一切积极因素,同时也要清醒地认识到,努力不一定有坏的结果,但努力也不会必然都如你所愿。正确认识和理解必然性与偶然性的关系,把握好可能性与现实性二者之间的辩证法。可能性,是指事物发展过程中潜在的东西,是包含在事物中并预示事物发展前途的种种趋势。现实性,是指已经产生出来的有内在根据、合乎必然性的存在。可能性分为抽象可能性和现实可能性,抽象可能性,是指即使通过主观努力也很难达到目的的可能性;现实可能性,是指稍加努力即可从可能性转化为现实性的可能性。把正确的事坚持做下去,"不弃微末",必然会精诚所至、金石为开。但有时候即使"守正笃实",也未必"久久为功"。倘若薄弱学校的发展,非要让学生文化成绩达到某种高度,或者办艺术或美术特色,非要让学生成为有名的歌唱家或画家,可能会徒劳无益,这就属于不顾客观实际的抽象可能性。"挟泰山以超北海,语人曰我不能。是诚不能也。为长者折枝,语人曰我不能。是不为也,非不能也。"是故,薄弱学校的校长在选择特色办学时,首先要做的是做正确的事,同时还要注意哪些是可为的,哪些是能为的,要有所能为之为。

五、就业升学:中职教育身有彩凤双飞翼

无知者无畏,一年多的教育实践,让我对中职教育的看法,浓缩成了这样一句话:匠匠心以匠匠今,化育国之大器。

一般来说，作为公职人员，组织的需要，大都是自己不可推脱的选择。是修为，也是性格使然。我原本以为，接受组织安排，到广播电视大学去，将是我公职生涯的终点。但人生是一次不可逆的奇妙旅程，有时你自己都不知道下一站是在哪下车，去哪看什么风景。就在我且行且珍惜，满怀深情与热爱，奔向美好的终点之际，我又一次接受组织挑选，被"临危受命"，到市中等职业技术学校去，临时负责学校党政全面工作。说的是临时，竟然负责了一年多。

清晰地记得，那天去报到是4月1日，所谓西方的愚人节，私下不无调侃地说，这不会是愚人节的玩笑吧。

这所学校很特别，是由包括市文化艺术学校（正处级单位）在内的6所中等职业学校合并组建的，教职工人数多、学历差异大、年龄偏大、班子不健全、中层人数多，但专业丰富多彩、办学历史相对较长，而且原学校各自都有自己的学校文化和一定的学校声誉，可以说是底蕴深厚的学校。有人说，这是一所相对复杂的学校。我作为学校临时负责人，角色特殊。该怎样团结带领教职员工，一起走过学校发展历史上这一特殊阶段呢？

说句私房话，这所学校和之前的电大，都曾是我想去但当时没去成，最终还都得以成行的地方，只是在最想去抵达时未达而已。所以，一个人应立大志、立长志，如果你真要成为什么样的人，或办成什么样的事，或达到什么目标，你首先得想，即有期望目标，若持之以恒坚持，终会成。这不是唯心主义，是目标激励，是志不高者智不达。人的潜能是巨大的，要善于开发，不负此生。激励理论认为："激励力＝期望值 × 效价"（弗鲁姆《工作与激励》）或 $F=E\times Y$。F 代表激励力量，即动机强度；Y 代表效价，即对实现目标的价值或报酬的主观判断和评价；E 代表期望值，即行为者对实现目标可能性的主观估计。期望值高，动机强，自然目标达成度就高。再说，网络上不是有这样的段子吗，"还是有个小目标吧，万一要是实现呢"。

罢了，不说悄悄话了，还是说说作为临时负责人的经历，接下来，我该如何直面工作吧。其实,我不止一次面对这种情况,当年公选去的学校、筹建的新校和老牌学校都有过类似经历,只是临时负责的时间不同,有几个月的,甚至几年的。不管多长时间,我基本上是这样的思路:一是,开诚布公,大事小情,谁说得在理,就照谁说的办;二是,不打官腔、不惧担责、不一言堂;三是,思考问题、办事情,把是否有利于学生成长、有利于学校发展、有利于稳定团结作为一切工作的出发点和落脚点。正是基于这样的一个正确的工作思路和要求,之后顺利解决了基建维修、职称评定、评先评优、疫情防控等工作中诸多棘手问题,学校稳中有进、稳定前行,直到成功配齐领导班子。同时就学校未来几年甚至更长时间,该如何发展也进行了战略性思考和战术安排。当然,其中也遇到过威胁和挑战,比如,某老师在评职称时,自认为之前学校政策有瑕疵,自己若这次评不上,扬言就要信访。经过几次甚至有一次竟长达近4个小时的解释劝说,在自己"我是共产党员,我死都不怕,还怕你威胁不成"的襟怀坦白、义正词严、秉公办事、耐心细致地做思想工作下,最后妥善处理,还成功化解了其他一些矛盾纠纷。应该说既解决当下问题,也没有留下学校发展的后遗症,甚至是做了一些打基础、利长远的工作。

有人说,现在是职业教育的春天;有人说,不,是秋天,该结出累累硕果了。不管是春天说,还是秋天说,有一点是可以肯定的:这是一个职业教育大发展的时代。无论从国际社会发展经验看,还是国家经济社会发展的历史阶段看,抑或教育自身发展历史阶段和社会对职业教育的认知水平看,都是空前的。技能改变命运,技能让社会更美好,学一技之长,好就业,已然是社会的共识。高等职业教育和中等职业教育都是稀有教育资源。过去普遍不认可的美容美发等专业的招生,与之前招不满学生相比,现在竟也是一位难求。尽管职业教育发展如此红火,作为职教办学者,应有忧患意识,居安思危,"人无远虑,必有近忧"。中职教育在抢抓发展"风口"大有作为的同时,更要站在历史与未来的坐标中去看当下的工作,做正确的事,适度为未来做准备。丘吉尔说过:"你能看到多远的过去,就能看到多远的未来。"办学者一定要未雨绸缪，不断创新发展，"苟日新，日日新，又日新"，增强学校的适应性，以期能在未来发展中立于不败之地。带着这样的思考，学校做出了"两条腿走路"的战略发展选择：一条腿是立足学生高质量就业，匠匠心以匠匠兮，化育国之大器；一条腿是办好升学班或高中班，"有余力，则学文"，让部分学有余力的学生升入高等学校。

对中职教育来说，我是一个"后进生"，但一直在学习的路上。对即将结束公职生涯的我来说，未曾想到人生中还有机会在此稍驻一年有余，看这边独好风景，于我虽辛苦，也是极其荣幸的事了。既然有缘遇见，即使短暂，也当为你鼓与呼。虽做的仅是皮毛，蜻蜓点水，但我尽心了。感谢那段人生特旅，感谢那个地方，还有在那个地方，与我一起奋斗的人们！

第三章 治校之思

柳斌在1995年给教育部中学校长培训中心成立五周年时的题词中指出：「我们应当认识、理解并牢记这样一句话：一个好校长就是一所好学校。」

从那年公选校长算起,到组织委派,我曾先后到4所学校任职或负责。二十余年的校长经历中,尽管单位变了,职级变了,但对陶行知说的"校长是一个学校的灵魂,要想评价一所学校先要评价他的校长"的认知没变,并时常勉励鞭策着自己勤奋工作,唯恐因自身的问题影响学校的发展。自我评价的话,我是一个勤奋、刻苦、笨拙的人,所以笃信"业精于勤,而荒于嬉;行成于思,而毁于随"。躬耕践行曾国藩所倡导的五勤:"一曰身勤:险远之路,身往验之;艰苦之境,身亲尝之。二曰眼勤:遇一人,必详细察看;接一文,必反复审阅。三曰手勤:易弃之物,随手收拾;易忘之事,随笔记载。四曰口勤:待同僚,则互相规劝;待下属,则再三训导。五曰心勤:精诚所至,金石亦开;苦思所积,鬼神迹通。"尽管如此,二十多年的躬耕不辍,"好校长"于我,仍是虽不能至,心向往之。好在多少也积累一点治校的体会,浪花虽小,也有海的味道。比如,校长对教育的理解和认知在一定程度上决定了学校的办学水平和高度,也制约党和国家教育事业的发展程度。特别是一个校长对什么是教育、教育是什么、办什么样的教育等等,要有自己的符合教育规律和学生身心发展规律的独到见解。马克思关于人的全面发展学说和人的本质学说以及国家的教育方针是校长思考办什么样的学校、如何办学校的指导思想。让人生、社会、自然更加美好的办学思想是学校培养目标确立的价值准则。有类有教,因人而育是个性化差异办学的策略途径。让师生诗意地幸福地享受教育是校长不懈的追求。校长应不断地在理论联系实际的学习、思考和实践中提升自身素能，做正确的事，服务学校师生，发展教育事业。我以为：优秀校长＝学习＋实践＋反思。

一、校长应该具有的基本素能

坦荡真挚的教育情怀

作为校长，要"君子坦荡荡"，不失"赤子之心"，善养"浩然之气"，"至大至刚"，"仰不愧于天，俯不怍于人"，以身作则，以上率下，以信仰之心感召师生，以"为天地立心，为生民立命，为往圣继绝学，为万世开太平"的胸怀和气度，努力去办并办好人民满意教育。

也许有人说情怀是虚无缥缈的，看不见、摸不着，哪位校长还没有一点情怀？情怀的确是难以言表的，但情怀体现在校长的一言一行、一举一动上，体现在校长做事、想问题的出发点和落脚点究竟是为了谁，体现在危难之际、荣誉面前的态度和作为上。有没有"俯首甘为孺子牛""捧着一颗心来、不带半根草去"的无私奉献精神；具不具备"天下之水莫大于海，万川归之"的豁达与格局；是不是有坚持原则、秉公办事、清正廉洁的一身正气；是不是有"上善若水，水善利万物而不争"的谦卑风骨和高尚品德，师生员工是可以感知的，也是可以比较鉴别出来的。

感动有时是在不经意之间发生，影响化育人，有时也是于无声处见惊雷。记得之前在微信朋友圈为一位曾经的同事默默资助学生的善举点赞，谁知她竟艾特我，是我影响了她。原来是她在刚参加工作时，我有两次资助学生是把钱先给她，再请她帮我每月按时往学生饭卡上交100元，她说是跟我学的，不图名、不图任何回报，只是做该做且能做的事。我早已忘记，没想到就这样薪火相传。这不由得又让我想到另外一件事，并产生期待，希望也能有类似的故事发生。

我在安阳市第二实验中学工作期间，那年学校创新德育举措，创建了中学生业余党校，定期对优秀学生干部进行培养教育。第一期有29名学生，分别是高二、高三两个年级的学生班长和个别学生会的工作人员。作为校长和党委书记，我被安排给学生上第一课。但对正值青春年华、意气风发的优秀学生代表讲什么，是应该慎重考虑，精心备课的，正像自己过去教书一样，要厘清为谁讲、讲什么、怎么讲的问题。记得那时刚读完《习近平的七年知青岁月》一书，深深被书中主人公发愤读书和立志要为人民做点事那震撼心灵的事迹所感动着。于是就决定以"奋斗的青春最美丽"为题，结合读书心得体会，给学生上了一堂别开生面的德育课，让学生深受教育和启迪。在开讲之前，我还自费三千多元购书29本，赠予参加第一期业余党校的所有学生，希望学生将来也能为国家、为集体、为人民做出自己的贡献，把自己的梦想融入国家的发展需要中。我虽然已经离开那所学校多年，但我相信若干年后，为人民服务的宗旨会在学生心中生根、发芽、开花、结果的。说句心里话，本打算再自费购置自己曾读过的《之江新语》一书，赠予参加第二期业余党校的学生，由于工作调动，未能实现，竟成遗憾。现在又临近退休，估计以后也没有实现此愿望的机会了。

先进理念及专业标准

有人说，校长是政治家，需要有政治素养和能力，比如，远见卓识、雄才大略、领导艺术、家国情怀、坚强意志、人格魅力、广泛文化、政治能力等；有人说，校长是教育家，需要教育信仰、博学多才、人文素养、科学素养、专业能力等；还有人说校长需要外交家的沟通斡旋力、社会学家的组织协调力；等等。这些关于校长的说法，都从一定的方面反映出对校长应有素能的高要求和高期待；从另一方面也说明，不是所有人都可以当校长的。校长"是履行学校领导与管理工作职责的专业人员"，校长的基本素能首要的就是，具备各级、各类学校校长专业标准的要求。即树立"以德为先、育人为本、引领发展、能力为重、终身学习"的理念和具有"规划学校发展、营造育人文化、领导课程教学、引领教师成长、优化内部管理"的专业标准。"凿井者，起于三寸之坎，以就万仞之深"，这些专业标准，既是校长在自身办学实践中不断体悟、执行和提升的素能,也是评价校长办学的参照系。

理论联系实际的学习力

"学而时习之,不亦说乎"不只是一句来自远古的呼唤,应该是一校之长的文化自觉。校长要树立终身学习的理念并坚持不懈,或读书培训,或集中自学,一言以蔽之,校长要学习、学习、再学习,通过不断学习提高认识、指导工作、推动办学实践,并在办学实践中检验学习效果、提升学习效率。学以致用,学用结合。

学什么?我以为,马克思主义哲学、教育学和心理学、教育管理和古诗词等经典文学名著是必不可少的。自身学科专业的发展前沿也要了解,即使不能亲临一线课堂教书,至少也要不远离课堂,比如听课、评课或参加教科研活动等。其他的领域随自己爱好而定,任何学科知识的学习最终都会成为校长履职尽责的营养餐。

怎么学?从时间上说要挤,一切可用的时间都要争取;从方式上说是自学,特别是要读纸质书、参加培训、分享读书笔记或上课等;从方法上说是理论联系实际学、做中学、比较学。可以博观约取,比较中外关于此问题的研究或结论,汲取人类一切优秀成果为我所用,消化吸收形成自己独特的教育认知,并指导自己的办学实践。方法不统一,因人而异,关键是要有较高的理论联系实际的学习能力。

舍我其谁的担当精神

经历告诉我,选择真的很重要,正如有人说的甚至比努力更重要。但有时不能选择的选择,服从安排,顺其自然,也许是最好的选择,所谓"道法自然"是也。其实,任何选择,都存在机会成本问题。校长在面对不能选择学校的时候,绝对服从组织安排,是应该且是理所当然的,是挑战,要勇于接受;是困难,要敢于面对。总之,当国家和集体需要时,当学校需要时,不挑三拣四,不挑肥拣瘦,不计个人得失,随时挺身而出。"苟利国家生死以,岂因祸福避趋之"。我的校长经历，除了公选，其他全是组织决定。但感谢组织的信任，让我开发自我，在不断地解决问题中认识自我、发现自我、超越自我。面对薄弱学校的生存困局，要有舍我其谁的担当精神，相信自己有"化腐朽为神奇"之功；面对危机之时，要有舍我其谁的担当精神，相信自己有"一夫当关万夫莫开"的"洪荒之力"；面对优秀学校的续写辉煌，要有舍我其谁的担当精神，相信自己有可"雪中送炭"、可"锦上添花"之能。这是担当，更是责任、勇气、智慧、实干和情怀。你解决了多复杂的多难的问题就提升了多大的能力。你多大程度解决了复杂难题，就多大程度地提升能力。实践出真知，实践长才干，实践见风骨。

基于专业的独特认知

校长应有在深入学习和广泛实践后的教育反思，对教育教学、课程课堂、学校文化、教育政策等有深刻思考，对学校发展有自己基于教育本质的独有的教育观念、主张、看法。治校可以借鉴，因为站在巨人肩膀上可以看得更远更清楚，但绝不可简单复制粘贴，人云亦云，今天一个方法、明天一个理念，毫无主见与教育定力，这是不成熟的表现。校长需要理念、方法和智慧，但必须是基于自身深入思考与研究后的一定深度品格的自我表达，"居高声自远，非是藉秋风"。校长是学校的法人代表，但绝不意味校长办学可以随心所欲，置教育方针原则和教育规律于不顾，"二大爷赶集——随便"。校长在办学上的固执己见与毫无主见都是机械的形而上学，是不可取的，应该摒弃或防患于未然。一般来说，校长办学总体思路和理念确定后，应保持相对稳定，适当微调，以便让办学符合学校学生实际，能始终在正确的道路上行走。以下是我关于教育的一些认知与问思考。

教育是人类社会特有的一种社会现象，是人类社会特有的传递经验的形式，是有意识地以影响人的身心发展为目标的社会活动。教育其一是"以影响人的身心发展为直接目的的社会活动"，其二是"使明白道理"。但古往今来，古今中外，关于"教育是什么"即教育的本质的回答从未停止，而且见仁见智，似乎每种观点都有道理但又似乎不全。对这个必须弄清又不易弄清或许原本就没有答案的命题的求解是每一位教育工作者都要面对和绕不开的，是义不容辞的责任。作为一名师范大学生，早在大学时代的课程中就已接触"教育"，直到从教师岗位走上校长的岗位。关于"教育是什么"的思考和追问，也一直在路上，从未间断，而且每一次痛苦的自问自答后，都被自己给予无情的再否定。尽管如此，我以为，我的每一次否定好像距离我心中的教育都接近一步，也从未像今天如此接近。

我认为，教育就是在一定的社会背景下发生的促使个体的社会化和社会的个性化的实践活动，具有保证人类延续、传承文化、促进人类和社会发展的功能。教育的本质是有计划、有目的、有系统地培养并促进人的全面个性发展的社会实践活动，班级授课不等于培养学生成为一样的人和用一样的方式、要求、方法、内容去培养和教育。所以我在办学治校实践中，始终秉持"让学生发展成他可能发展成的人""让人生和社会更美好""有类有教，因人而育"。

人人受教育和享受优质教育，是富强、民主、文明、和谐社会的应有之义，是教育民主平等的本质反映，是当下经济、社会、文化发展阶段对教育的客观诉求，是基础教育自我完善和发展的应然状态，是马克思主义"人的全面发展"学说的基本要求。

当前"有学上"的问题已基本解决，可以说实现了真正意义上的"有教无类"，可"上好学"成为面临的主要问题。这里所说的"好学校"，不应该是应试标杆下的"好学校"，而是符合素质教育价值取向的"好学校""好教育"，也就是教育法规强调的"尊重教育规律和学生身心发展规律，为每个学生提供适合的教育""应当平等对待学生，关注学生的个体差异，因材施教，促进学生的充分发展"的优质学校教育。人的先天禀赋、认知方式、思维品质、性格、兴趣、爱好、家庭文化教育影响等是有差异的。人的差异，决定了教育不能采取整齐划一的教育教学方式和评价方式；差异的人，也需要不同的学校教育。有学者说"直面差异是教育智慧的核心"，我以为这表达了一个近乎真理的信念。虽然人的差异是社会的客观存在，但社会对人才的需求也是千差万别的，而且正是差异，才使得自然界和人类社会呈现千姿百态与丰富多彩。所以，基于差异、为了差异发展、差异化的教育才是优质的教育，也是更加公平的教育。尽管教育公平涉及经济社会文化发展水平等多种因素，不简单是教育问题，而且教育公平是绝对性和相对性的统一，但每一位教育工作者都肩负着教育更加公平的神圣使命和重大责任，应尽自己所能，在自己的岗位上，致力于在受教育机会公平基础上，让学生享受教育过程和结果的更加公平的教育。

"有类有教"是在"有教无类"民主平等思想的坚持、丰富和完善的基础上提出的，是基于教育更加平等公平的主张。"有教无类"是我国两千多年前特定的社会历史时期朴素的教育民主平等思想和愿望，强调教学不分贫富、不择对象，突破了"学在官府，民间无学"的旧框架，旨在给当时社会的下层贫民创造接受教育的机会，而且在教学中也根据学生的差异，采取了"因材施教"的教学方法原则。但"有教无类"所提倡的平等思想和对"因材施教"的认识也有其时代社会历史局限性。学者谢质彬先生早在1989年第11期《文史知识》中就撰文对"有教无类"给予了另一种解读，他认为"有教无类"是说，人，原本是"有类"的，比如有的智，有的愚；有的孝顺，有的不孝，但通过教育，却可以消除这些差别，这就叫"有教则无类"。"有类有教"正是基于人的"有类"（差异）和教育是让人生与社会更美好以及"有教无类"朴素民主平等思想的共识、传承与发展提出的；是基于学校教育不仅要实现教育机会，而且应重视让教育的过程与结果更加公平的愿景而提出的。

"有类有教"，其中"类"的意思主要是指受教育者的"类别"和"差异"；"教"的意思是指"教育和教学，但重在育人"。顾名思义，"有类"就是"有差异"或"有差别"，"有类有教"就是要尊重每个人，为了每个人的发展，基于差异（或差别），采取有差异（或差别）的教书育人方式，让学生差异发展成可能发展成的人，为每个学生提供适切的教育，让每个学生做更好的自己。"有类有教"源于又不同于"有教无类","有教无类"重在强调教育机会的平等,而"有类有教"旨在追求教育机会平等基础上实现教育过程和结果的更加民主与平等,既基于差异,亦为了差异,通过差异增强教育学习的过程的适宜性,逼近教育目的的人本性,体现教育公平"学生发展"的本质内涵。"有类有教"也不同于"因材施教"或"差异教学",后者是不同国家、地区、社会对教育民主的具体实践,在实践操作上较多的则是把学生当作客体,不是鲜活的生命,只是教师用来"加工"的材料,从而导致学生主体意识的弱化,学习积极性需要老师外在地激发。前者则真正把学生视为一个独特的生命存在,认为其都具有区别于其他学生的个性品质和特征,都是独一无二的且是有价值的,都具有唯一性和不可替代性,是一个"这一个"(黑格尔《精神现象学》上卷第一章"感性确定性;这一个和意谓")。

"有类有教"不是哗众取宠的"新概念",是在对"有教无类"这一教育思想中所蕴含的教育民主平等公平主张的认可和传承的基础上,又针对受教育者这一"类"别及其差异的客观存在以及为了差别发展,而提出的一种教育更加民主平等公平的观念、主张、原则和教育教学方法,是衡量教育质量高低和优劣的尺度之一,是提高教育质量、提升学校教育品质的重要遵循之一,是促进教育公平、落实新课程理念的观念支撑和方法启示。"因人而育"的价值取向是指不能简单把学生当作是可以随意加工的材料,应首先把学生当作一个鲜活的生命个体,注重发挥学生的主观能动性,教育不能"教"字当头,应贵在引导、引领学生发展,重在"育"人。"因人而育"注重从学生的实际出发,尊重学生的主体地位,让学生在课堂上、在整个成长过程中张扬个性,发挥并提升潜能,在"最近发展区"发展,做"更好的自己",尽可能将学习动力转化为内在的自驱力。

总之,学校教育要基于学生的先天差异和社会对人才的不同需要,遵循基于差异的教育教学思想,采取差异的教育教学方法,去教育培养学生,实现从"有教无类"到"有类有教"的转变,从"因材施教"到"因人而育"的转变。

公正廉明的浩然正气。校长首先是"教育思想领导",其次也是"行政领导",是我们通常所谓的"官",至少是有一定公权力的人。而且大多数在没有实行"职级制"的学校,既然学校是科级、副处级、正处级单位,校长自然对应科级或处级领导干部了。校长行为是否出于公心,校长处事是否公道,校长是否能公正办事,既是校长的素质,也是能力,更是职业操守,校长应持续修行。一校之长,在大是大非面前要旗帜鲜明、立场坚定,要坚持原则、奖勤罚懒,要敢于批评和自我批评;最忌讳不敢"得罪人",当"老好人""和稀泥",不敢批评也不敢表扬,搞所谓一团和气,搞"庸俗哲学",让师生感到没有主心骨,陷入塔西佗陷阱。这与真正的领导艺术和领导能力水平无关,这也不是校长应有的基本素能。校长要见素抱朴,克私寡欲,一身正气腾江海,两袖清风写昆仑,并用自己的人格魅力感染师生员工,恪守"源清则流清,心正则事正",谨记校长的"官"道,"吏不畏吾严而畏吾廉,民不服吾能而服吾公;廉则吏不敢慢,公则民不敢欺;公生明,廉生威"。

二、治校无定法,治校必得法

之前曾有人问,校长应该怎样办学治校?我以为,治校无定法,因校而异、因生而异、因师而异,"从心所欲,不逾矩"。治校必有法,法源于办学治校实践,并在指导推动办学治校实践中得以丰富发展完善。

校长是专业人员,既然如此,那么不同的专业人员的差异,就决定了其专业工作的丰富性,或殊途同归,或异曲同工,或大相径庭。自然也就有了不同的办学水准和风格。所以即使同样在花季的学生,也因在不同的学校,有不同校长和老师,而有不一样的精彩。尽管如此,经营治校还是有规律可循的。世界上各种事物的变化都有一定的秩序,有一定的过程。办学治校有着不同于经营工厂或公司的法则、规律性东西和变化要求。比如,要坚持国家教育方针和社会主义办学方向,要抓好师资队伍、班主任队伍和干部队伍建设,要加强办学设施建设,要狠抓教学质量和校风学风教风建设等,这是学校治理中的普遍性或共性的存在。一般来说，校长只要抓住学校治校的主要矛盾和矛盾的主要方面，办学治校水平不会太差，所以治理学校有基本的方法。所谓治校办学有法可依是也。但是，校长作为专业人员，其主观能动性和创造性的发挥还是有其可选择发挥的空间和余地的。从哪个方面突破、以什么为抓手、办什么特色、变革时机的选择等，还是能反映出不同校长的治校水平、智慧和能力的。是故，校长办学治校没有一成不变的方法，若说有，那一定是理论联系实际和具体问题具体分析之法。

"有道无术，术尚可求也。有术无道，止于术"。作为校长，只要内心清澈，坚持人间正道，治校之术自可有之。虽看似"无知""空空如也"，但"叩其两端而竭焉"，治校之"源头活水"就是学校本身。

三、引领教师走上教科研之路

职业倦怠是个体在长期的工作压力下所经历的一系列心理和生理反应，在社会不同的行业和组织中都不同程度地存在。教育系统各级各类学校的教师也不例外，不管是优秀学校的，还是欠发展学校的。教师职业倦怠将消解学校的朝气和活力，势必影响教书育人的效果和学校办学水平。心理学家克里斯蒂娜·马斯拉赫（Christina Maslach）和她的同事们提出职业倦怠可分为三个主要维度：情绪衰竭（Emotional Exhaustion，表现为个体感到情感资源被耗尽，无法再为工作投入情感和精力）、去人格化（Depersona lization，个体在工作中对他人，如同事、客户或服务对象表现出冷漠、疏远和消极的态度）和低个人成就感（Reduced Personal Accomplishment，个体对自己在工作中的表现和成就感到不满和怀疑，比如，认为自己的努力没有得到认可，或者感觉自己在工作中的贡献没有达到预期）。

如何结合心理学理论和学校实际情况，预防职业倦怠，减少教师负面体验，提升自我效能感，持续保持与激发教师的工作热情、昂扬斗志、理想激情和工作幸福感，"不待扬鞭自奋蹄"，为学校持续发展提供源源不断的动力，是校长应该关注并着力做好的事情之一。但具体怎么做？答案显而易见：一切从实际出发，理论联系实际，具体问题具体分析，因地制宜、因时而异。比如，为了加强思想政治和师德师风教育，可以加强青年教师的专业培训与专业发展，可以对部分教师开展教育教学思想或班主任工作方法研讨会，可以开展丰富多彩、形式新颖的职工文体活动，可以树立典型发挥榜样示范的作用，等等，不一而足。我认为，充分挖掘教育教师本身工作的意义，让教师深刻认识到自身从事的工作本身的价值和责任，特别是引领教师专业发展，积极从事教科研活动，是长远根本之策。正如苏霍姆林斯基所说的，如果你想让教师的劳动能够给教师带来一些乐趣，使天天上课不至于变成一种单调乏味的义务，你就应引导每一位教师走上从事研究这条幸福的道路。

四、办学中应注意的几个问题

好的学校和教育需要时间。办学即经营，经营即治理，办学就是通过经营治理学校，以文化人、培养学生。学生是学校的出发点，学校的一切组织、机构、活动，甚至物质环境等，从根本上说，都是为了学生，但学生成长发展需要时间。既要有培养人才"一万年太久，只争朝夕"的紧迫感和使命感，又要循序渐进，守望教育，静待花开，防止急功近利，欲速则不达。

去功利化，办大气的学校。切实转变教育教学观念，回归教育是让人成为他可能成为的人和"立德树人"这一根本任务上来。正确的思想、先进的教育理念是办好教育和学校的前提，观念的落后比经济的落后要可怕几百倍乃至上千倍。教育工作者首先要切实、真正将不适宜的教育教学观念摒弃，用先进的教育教学思想武装人。不要让教育的一切努力都仅仅围绕着如何最终在中考和高考中取得优异成绩，而是要让学生们充满浓厚的求知欲望，要提供良好的氛围，鼓励那些有想象力和创造力的学生在学校里能发挥出他们的潜能，要培养具有健全人格、社会责任感、创新精神和实践能力的人，营造民主、和谐、关爱的师生关系，营造竞争、合作、发展、共赢的校际共同体和学习共同体。学校教育需要水涨船高，而不是水落石出。

消解浮躁，背弃功利。教育系社会公益事业，学校乃立德树人之场。加快学校发展之心，可叹其诚；期盼学生成长之情，可嘉其善；办成一流名校之志，可鼓其勇；想有所建树之意，可赞其卓。然教育和办学有其自身规律，学生健康成长也是有规可循，学校发展也需要过程。"夫还乡者心务见家，不可以一步至也；慕学者情缠典素，不可以一读能也"。同时发展也存在是否健康、科学、平衡、充分和可持续性。更何况对学校教育质量和学生健康成长发展乃至教师发展的评价也是多向度且需假以时日的，不是立竿见影的。故，急于求成、揠苗助长、毕其功于一役之做法行为，理当休矣。

扎实办学，少些牢骚。每所学校都有自己的历史文化传统，即使同一所学校，其不同发展阶段的矛盾和问题表现也不尽相同，所以不论在哪级、哪类学校工作，也不论在哪里的哪所学校，更不论学校的名气如何，都同样肩负着神圣的教书育人、立德树人之使命，承载着实现中华民族伟大复兴的中国梦之重任，肩负着培养德、智、体、美、劳全面发展的社会主义事业建设者和接班人之重托。期待少些牢骚，多些实干，少些形式，多些内容，学以致用，知行合一，扎实办好自己所在的学校，致力于为每位学生提供公平而有质量的教育。

潜心育人，静待花开。记得叶圣陶先生曾说过这样一句话："教育是农业，而不是工业。"意思是说：教育就像农业一样需要一个缓慢的发展过程，需要很长的一段周期，而不能像工业一样批量生产，迅速出炉，要遵循教育内在的规律，尊重它自然生长的形态，学会等待，减少教育的浮躁与功利，潜心育人，静待花开。一时的喧嚣热闹，乍看貌似轰轰烈烈，但真正有文化有内涵发展的学校教育，其前行的姿态，靠的是以生为本、遵循规律、植根课堂、深度学习、营造场域、守望教育；靠的是既仰望星空又脚踏实地的一步一个脚印和实干、苦干加巧干，切不可用哗众取宠的谈话，遮蔽徒有虚名的或伪、或假、或非真的教育,背离教育的本质,背离教育让人生和社会更美好的伦理价值。

五、自觉学习并搞好职工关系

有位学者说过:学习是天性,但教育却不是,教育是人类为下一代设计的学习系统。我深信,并告诫自己,校长要终身学习,理论联系实际,敬畏教育,忠诚使命,不断学习提升能力,防止自身陷入"彼得高地"(源自美国学者劳伦斯·彼得所说"在一个等级制度中,每个职工都趋向于上升到不能胜任的地位"),"人才有高下,知物由学",校长要在不断地学习中,提升自我,满足校长职位对其担任者的知识、能力和素养方面的匹配要求。

校长与教职工首先是同事关系,他们在人格上是平等的。与教职工应相互尊重、相互理解。校长切忌颐指气使,动辄指手画脚,摆出一副高高在上的领导架子。一定要克服"上位心理"(一种居高临下的心理态势),要虚怀若谷,注意克服"领导高明"(一种自以为是或他人认为上级一定比下属高明的心理定势),要正确看待教职工的建议和意见,尤其是自己不太喜欢、不太欣赏的人的意见。正确行使自己的职权,切忌滥用,在行使职权时也要承担该承担的责任,做到权责一致,切记"权力大、责任大"。校长可以有喜好,但切忌拉帮结派,搞小团伙,任人唯亲。要放眼全体教职工,注意防止用人的偏颇与成见,用发展眼光看人。

第四章 从教之悟

"师者,所以传道受业解惑也。"(韩愈《师说》)

"不愤不启,不悱不发。举一隅不以三隅反,则不复也。"(《论语·述而》)

那年大学毕业，几经周折，还是来到了距离老家不远的中师教书，俯身静心育桃李，默默耕耘13年，直到公选校长离开。在那个地方，不论是担任化学课老师，还是当班主任，应该说自己始终遵循老师的本分，"传道、授业、解惑"，并注重课堂教学改革，不断加强自身专业发展，积极开展教科研活动。亦工亦学，还获得了河南大学教育学部第二本科学历，硕士学位课程结业于北京师范大学心理发展研究所。要知道，在当时并没有任何外在压力要求必须这样做，只是认识到自己要学而已，以便更好教书育人，服务学校发展。天道酬勤，一分耕耘，一分收获。在组织的精心培养和同事的热情帮助下，在那方文化底蕴深厚的土壤中，不断吮吸精神滋养，工作不久便成为校内首批优质课教师、最年轻的市级优秀教师，并获评晋升高级职称。先后有两篇教科研论文发表在北大核心期刊《化学教学》和《中学化学教学参考》，成为全校唯一，那份自豪感和成就感，至今想起来，仍觉得如沐春风。尽管春风照拂的感觉很好，但我深知，"满招损，谦受益，时乃天道"，更何况"吾生也有涯，而知也无涯"，在教育教学之路上思考、跋涉与奋斗的脚步不能停止，也不应该停止！

一、课堂是幸福的

教师职业生命的呈现主要在学校课堂,学生的青春成长主要也是在校园课堂,如何让教师与学生两个生命中最美好的时光更丰盈、灿烂、不虚度,并成为生命健康成长中最美好生活的场域,学校课堂的样态,发挥着重要的作用。而且对学生来说,教师课堂的姿态,将决定着学生课堂的样态,共同构筑演绎师生的生命状态。美国心理学博士古诺特说:"教育的成功与失败,'我'是决定性的因素,我个人采用的方式和情绪是造成学习气氛和情境的主因。身为教师,'我'具有极大的力量,能够让孩子们活得愉快或悲惨。'我'可以是创造痛苦的工具,也可能是启发灵感的媒介。我能使学生丢脸,也能使他们开心……这一切都决定于我。"华生在《行为主义》中指出:"给我一打健康的婴儿,一个由我支配的特殊的环境,让我在这个环境里养育他们,我可担保,任意选择一个,不论他父母的才干、倾向、爱好如何,他父母的职业及种族如何,我都可以按照我的意愿把他们训练成为任何一种人物——医生、律师、艺术家、大商人,甚至乞丐或强盗。"

我以为,课堂应是学生乐学、老师乐教、师生乐此不疲的幸福课堂;以"问题"为起点的幸福课堂,即"自学、问题、精讲、精练"环环相扣的"四环模式",就是在教学中实践探索的一例。

幸福课堂的核心理念:是教即学,学即教。教师不再仅仅去教,也通过对话被教;学生在被教的同时,也同时在教。教学是教师的教与学生的学的统一。教师的主导作用要通过学生的主体性来体现,学生的主体性要通过教师的主导作用来完成。不能让教师的主导作用丧失,导致学生的主体地位绝对化;强调发挥学生的主体性,也并不否认教师对学生发展的重要主导作用。但以往教与学仅仅停留在教师教、学生学的简单机械的互动层面,而没有落实到相互融合互动、共同进步的境界。教学等于"告诉",教师成了"教书匠"。其实,每个学生都是教师鲜活的专业成长文本,幸福课堂从帮助学生发现问题、解决问题出发,让师生在互动融合中获得知识与进步的幸福,使课堂学习始终是一个互动、融合、快乐、幸福的过程。

幸福课堂的主要特点:一是高效的。是让学生在有限的时间内学会学习,掌握技能和方法,内化提升情感,在轻松快乐中达成教学目标,而不是用机械的、摧残学生身心的方法去获得所谓的成功和高分数,从而挫伤学生的学习兴趣和对知识的渴望。二是预设和生成的有机结合。课堂上老师不仅让学生学会完成规定的动作,还让他们对自选动作特别是师生交往互动中生成的课程资源有充分的学习。上课是师生彼此的对话、智慧分享和共同发展,是师生共同用生命和激情去生成的,是无法重复的、精彩而又令人回味无穷的。对老师和学生来讲,教即学、学即教。三是美的。美是人的本质力量的对象化。课堂上生生互动、师生互动,学生自主探究过程中的种种体验:发现问题后的喜悦,解决不了问题时的困惑,老师讲解点拨和引导之后的豁然开朗,问题解决后所带来的惬意,都体现了师生的智慧、品德、情感、理想情操和创造才能,体现了人的本质力量。这个时候,上课就是一种艺术享受,是让人心旷神怡的幸福之旅。但是,幸福课堂并不意味着教师不需要耐心细致的讲解和认真负责的精心准备,也不意味着学生无须刻苦钻研、深入思考和反复演题,更不表明师生无须面临困难的挑战。教书是一项艰巨的创造性劳动,学习也是一种需要付出很大心智努力的复杂心理活动。但它是师生在积极状态下的自我感受、自我超越,是师生相长的智慧融合,是对追求幸福过程中痛苦跋涉的坦然面对。教师是幸福课堂的发动机,只有教师转变观念,具备较高的驾驭课堂的素养和教学技能,才能使课堂变得丰富多彩而又充满生机活力,才能让学生感到学习的快乐,才能教学相长,才能享受教学带来的美的享受,从而得到实现生命价值的满足。

以"问题"为起点的幸福课堂案例。幸福的课堂虽然是相似的,但让课堂成为幸福栖居地的方法、模式和途径是多种多样的。以"问题"为起点的幸福课堂的"四环模式"就是一例。该模式从提高师生课堂幸福指数出发,致力于把课堂烹饪成为师生的精神盛宴。"四环模式"即"自学、问题、精讲、精练"环环相扣,构成一个以发现问题、解决问题为中心的获取知识、习得技能、感受成长的幸福课堂。该模式在教学过程中强调学生自学(也包括生生讨论、师生讨论)、提出问题、解决问题、再发现问题、老师讲解点拨和纠错评价、适时反馈练习等环节。但该模式的实施并不意味着在具体操作过程中课堂的时空顺序和课堂结构的僵化,而是根据学科的性质、课程内容和学情适时调整、优化组合。

模式的哲学主题。任何一种教学模式都是在哲学主导下,依据一定的教育教学思想和理论指导下提出来的,是模式特征性的体现。"自学、问题、精讲、精练"这种课堂教学模式是在马克思主义哲学的指导下提出的,是发展着的马克思主义认识论和关于人的自由充分全面发展学说同建构主义理论中积极的学习观和教学观的有机结合。人的认识的发展过程是从感性认识上升到理性认识,再由理性认识上升到能动地认识和改造客观世界的辩证过程,教学过程是学生在教师的指导下,主动构建适应现代生活和未来社会必需的知识技能方法和态度情感以及适应未来生存发展所必备的素质,促进学生身心和个性全面和谐发展的特殊认识过程。当学生已经能够自己阅读教材和思考的时候,就要先让他们自己去阅读和思考,然后根据学生提出的和存在的问题进行教学。当学生不完全具有独立阅读教材和思考问题能力的时候,教师要把教学的着眼点放在教学生学会阅读和学会思考上面。学生的学习是在实践、交往活动基础上的"价值引导"与"自主建构"。建构主义认为,知识不是通过教师传授得到,而是学习者在一定的情境即社会文化背景下,借助学习和其他人(包括教师和学习伙伴)的帮助,利用必要的学习资料,通过意义建构的方式而获得的。既强调学习者的认知主体作用,又不忽视教师的指导作用,教师是意义建构的帮助者、促进者,而不是知识的传授者与灌输者。学生是信息加工的主体、是意义的主动建构者,而不是外部刺激的被动接受者和被灌输的对象。教学既不是"以教师为中心",也不是"以学生为中心",而是既要充分发挥教师的主导作用,又要凸显学生在学习过程中的主体地位,教师的主导作用和学生的主体性是统一的,统一在促进学生发展这一关系下。教师主导作用要通过学生的主体性来体现，学生主体性要通过教师的主导作用来完成，不能让教师主导性丧失，导致学生主体性地位绝对化，以及学生绝对自主，强调发挥学生主体性，也并不否认教师对学生发展的重要主导作用。

模式的功能目标。功能目标是指教学模式要完成主题所规定的功能任务，使主题具体化。该模式要使学生从感性认知到理性认知再到实践，接受知识信息、发现问题、提出问题和解决问题，培养学生分析、综合、归纳和演绎等独立思维的能力以及习惯，促进知识技能的内化和建构新知，让学生掌握学习方法和要领，发挥教师主导和学生主体的作用，教学生学会学习，不断提高学生自主学习能力和探究问题的能力。

模式的内容和活动程序。教学模式内容指适合自己主题的课题设计方法，以形成达到一定目标的教学结构。活动程序是指实现功能性目标的活动步骤和过程。该模式在教学过程中强调学生自学（或预习）和生生讨论、提出问题、解决问题、再发现问题、老师讲解点拨和纠错评价、适时反馈练习等环节。但应注意这些环节不代表课堂的时空顺序，也不意味每堂课都要有这些环节，而是要根据学科的性质、课程内容和学情适时调整优化组合。

模式的教学策略。教学策略，指完成教学目标的一系列途径、手段、方法和评价体系。该模式对老师的素质要求较高，应熟练掌握教材前后知识和学科间的联系，充分准备并提前考虑学生可能出现的问题，有较高的驾驭课堂教学的能力和课堂机智，对学生提出的问题应能迅速组成有效问题链，由浅入深，加以讲解和点拨。进行精讲答疑。为加强课堂教学的实效，应注意抓好三个环节。一是任课教师在集体充分备课（学情、课程、教情）的基础上形成自己的教案文本；二是学校实施适度刚性的教案文本格式；三是对老师上课实施针对该模式的课堂教学评价表。

"自学、问题、精讲、精练"四环节的要求与举例。

"自学"环节，是指课前、课上和课后，学生针对新旧知识或实验，以自学或在老师帮助下的自学，或以自己做实验、设计实验、验证实验等形式进行学习。

　　学生自学环节一开始，应注意让学生带着问题阅读教材，或者老师提前给出一些问题，让学生思考，通过阅读和相互交流讨论解决。同时教学生学会画线、标记等一般读书方法，弄清什么是知识点、什么是问题，启发学生提出问题和解决问题。待学生初步掌握自学方法后，再对学生提出更高要求，让学生逐步提出一些即使查看参考资料也百思不得其解的典型性、共性问题。学生在自学或实验过程中发现问题，并就自己存在的疑惑或实验中出现的一些现象进行思考。在针对问题或现象的思考与交流过程中，学生自然会对问题的解决产生幸福感。

　　"问题"环节，是指在自学的过程中发现问题或老师创设一些令学生产生认知困难的情景，使学生产生想解决问题从而去认真思考问题的欲望。提出问题不只是思考的结果，更是创造性思维向深层次发展的动力。通过师生交流，师生共同将自学中的难点以探索性、研究性、开放性的"问题"形式展示。只有这样的"问题"形式，才能给师生足够的思维空间，针对这样问题的讨论才能激发学生的好奇心，从而拓展学生思维的广度和深度。要设置这样的问题，教师就必须站在学生的角度及时将学生所呈现的问题分层次进行归类，给学生设计类似游戏闯关性质的问题链，在较低层次的问题中激发学生的求知欲，在较高层次的问题中激发学生挑战困难的欲望，同时教师要放下"教"的身份，与学生一起成为寻求解决"问题"的学习者。这样更有利于减少学生的依赖性，使整个课堂形成一个积极寻求问题解决的共同体，师生共同体验寻求生命价值提升的幸福感。

　　比如，当时在对《思想政治1》经济生活第六课《投资理财的选择》中的第二堂"股票、债券和保险"的课堂教学中，学生通过自学提出问题："既然股票是高收入、高风险的投资方式，保险是规避风险的途径，那么能不能对买的股票再进行保险？"一问激起千层浪，霎时学生兴奋起来，积极思考，纷纷讨论，课堂气氛也随之活跃起来。一系列相关的问题便接二连三地被提出来：有没有这样的商业保险机构？若现在没有的话将来会不会有？要有的话应具备什么条件？赚钱收益的可能性有多大？在老师的因势利导和适时点拨下，学生们时而沉思，时而再读课本，围绕问题展开了深入的探讨。学生在讨论过程中不仅厘清了"股票"的含义和特征，而且对"保险"的业务类型和机构以及股票的高风险也有了深刻的认识。此时的课堂变成了师生一起探究知识的宴席、分享彼此智慧的殿堂，预设和生成有机结合，师生教学的幸福感油然而生。

"精讲"环节，顾名思义，就是教师对整合后的问题进行讲解，以帮助学生从教学内容中理出头绪，抓住中心，重点突出，难点突破，知识技能点清晰。值得指出的是，精讲不是不讲和少讲，也不是迫不及待地将结论"捧"给学生，而是恰如其分地点拨和画龙点睛地引导。老师在这个环节要严格树立"追求思维过程"的观念。也就是说，讲解和讨论问题不仅仅是尽快得到所研究问题的结论，而是要充分展现学生研究问题的过程。问题的解决仍应以学生为主，让学生来展示自己解决问题的方式，只有当集学生之力不能解决问题时，老师才给予适当点拨。在这一过程中，教师更重要的是不断去发现、培育并保护学生的创造性思维，让学生展示多样化的问题解决方式，使学生充分享受思维碰撞的快乐，从而能够在解决问题的过程中养成独立思考的习惯和不断追求新突破、新超越的韧性与毅力。在解决问题的过程中，师生将感受智慧的力量，尽享知识的魅力。

比如，在学习高一《物理》的几个基本概念时，老师先让学生自学5分钟。为了检验学生的学习情况，老师说要提问几个问题。适当的停顿引起全体学生积极思维和兴趣后，老师提出了第一个问题："什么叫运动？"

有学生笑着按照书上的定义念了出来，老师板书：物体相对于其他物体的位置的变化叫运动。

老师一边用手按摩手腕一边说："回答得很正确。"接着，老师又煞有介事、加重语气提出第二个问题："什么叫运动？"大家哄堂大笑。

有学生说：

"老师您是不是忘了，刚才您已经提问过了。"

老师一字一顿，拖着长音："是——吗——？我刚才语气轻重缓急快慢都不一样，难道你认为这是同一个问题吗？！"

学生不约而同发出"哦"声。

老师重复着刚才按摩手腕的动作，又问了一遍"什么叫运动"。

此时，有学生明白老师的意思是让答案再简练些，于是有人说："位置变化叫运动。"

老师边板书边积极地评价："很好，这可能是关于什么是运动最为简洁的回答。既然位置变化叫运动，我们研究运动其实就是研究位置变化，描述运动其实就是描述位置变化，那么我们用什么来描述位置变化呢？"

众生答："位移。"

接下来，教师用3分钟时间把位移和路程两个概念重点进行了讲解，并及时带领同学们做了一道练习加以巩固。

然后，老师又提出了第三个问题："什么叫运动？"

"相对位置变化叫运动。"学生答。

老师从相对位置变化引入"参照系"并进行了讲解。之后老师说要问第四个问题，还未等老师出口，学生会心地笑着齐声喊道："什么叫运动？"

老师说："对。"学生们再看黑板上运动的定义好像没啥可说的了。

这时有个学生说："老师，不知我想得对不对。"

"大胆说，说错了不罚款也不判刑。"老师鼓励道。

"相对位置随时间变化叫运动。"

老师指着黑板上的板书追问："这里面有'时间'这两个字吗？"

"没有。"

"有时间吗？"老师又追问道。

学生愣住了。过一会儿，有学生说："有，在变化里。"

老师兴奋地说："太好了，你抓住了变化的特征，任何变化都需要时间，没有时间何谈变化。所以物体的位置随时间的变化叫运动。"

紧接着老师又对"时间"和"时刻"进行了讲解。

可以说，这堂课是抓住了运动的核心内容进行了讲解，师生在完成教学任务的同时愉快地度过了45分钟，师生怎能不觉得教学是幸福的，上课不是美的享受呢！

"精练"环节，就是要求教师选择学生最近发展区内的题目，多角度地将问题呈现给学生，让学生以不同的方式再次解决问题，实现课堂的及时检测、反馈，让学生感受不断进步和成功的幸福；实现学生能力的拓展延伸，不断扩大学生的最近发展区，让学生感觉到发展的幸福。

比如，在讲授高中《数学》"数列"中求通项公式的内容时，老师先将教科书上的例题"已知数列$\{a_n\}$中，$a_1=1$，$a_n-a_{n-1}=2(n\geq 2)$，求数列$\{a_n\}$的通项公式"进行了讲解，该题是基础问题，适合全体学生，即使是暂时落后的学生，只要学习了也能解决。之后通过变式挑选了典型的、有针对性和有梯度的4道题进行练习，层层递进，巩固提高。

"练习1：已知数列$\{a_n\}$中，$a_1=1$，$a_n-a_{n-1}=2n(n\geq 2)$，求数列$\{a_n\}$的通项公式。"该练习把差为2变为$2n$，这样差构成等差数列，可以利用推导等差数列通项公式的方法"迭加法"来解决。本题需要灵活运用课本上的基本方法，学生基本能掌握。

"练习2：已知数列$\{a_n\}$中，$a_1=1$，$\dfrac{a_n}{a_{n-1}}=2n(n\geq 2)$，求数列$\{a_n\}$的通项公式。"把相邻两项的差变成相邻两项的比，而且比也构成等差数列，可以利用推导等比数列通项公式的方法"迭乘法"来解决。只要理解类比与化归思想方法，一般学生都能解决。

"练习3：已知数列$\{a_n\}$中，$a_1=1$，$a_n-2a_{n-1}=2(n\geq 2)$，求数列$\{a_n\}$的通项公式。"在a_{n-1}的前面加上系数2，须用构造等比数列的方法解决。中等以上学生能够解决。

"练习4：已知数列$\{a_n\}$中，$a_1=1$，$a_n-2a_{n-1}=2^n(n\geq 2)$，求数列$\{a_n\}$的通项公式。"在练习3的基础上，又把差变成了$2^n$，使得差构成等比数列。这就需要基础比较好且知识运用比较灵活的学生才能真正理解和掌握，对能力要求较高。

四道练习题相辅相成，层层递进。学生在对老师精挑细选的练习题的解答过程中，既学会了数列求通项公式的方法，提高了演算技能，又激发了求知欲，体验到数学的奥妙、好玩和美感。老师也在不知不觉中感觉到为师的自豪和幸福。这样的课堂教学既是高效的，又何尝不是幸福的呢？

恩格斯说过："我的劳动是生活自由的表现，因而我享受了生活的愉快。"课堂教学，不仅是教师谋生的手段和学生改变命运的过程，它也应成为全面和自由发展的师生的一种生活需要、一种精神享受。教育中的每一个人，不论是管理者还是教育者抑或被教育者，都应转变观念，充分珍惜课堂、享受课堂。幸福的课堂是一种追求，是一种意识，是一种存在，是一种渴望，幸福的课堂更是一种信念。有了这种信念，我们就能有行动的勇气，就有在现实中践行教育规律的魄力，进而享受到教育的幸福。

以下为"自学、问题、精讲、精练"四环节课堂教学评价表。（见表1）

表1 "自学、问题、精讲、精练"课堂教学评价表

学科：___ 时间：___ 班级：___ 执教老师：___

一级指标（权重）	二级指标（权重）	三级指标内容	评分	等级
教学设计与过程（55%）	自学（讨论）（5%）	1. 课前课中学生自学讨论。	5	A
		2. 学生自学发现问题情况。	4	B
		3. 老师结合学情适时提出的问题和效果。	3	C
			2	D
	问题（15%）	1. 结合学生自学讨论提出的问题，形成本节课要掌握的问题。	15	A
		2. 结合学生问题对教学内容能再加工和整合，使之转化成有利于学生理解掌握且符合课程标准的问题链。	12	B
			9	C
		3. 问题意识、探究兴趣的培养。	6	D

续表

一级指标（权重）	二级指标（权重）	三级指标内容	评分	等级
教学设计与过程（55%）	精讲（20%）	1. 对整合后的问题做的讲解利于学生能从教学内容中理出头绪，抓住中心，重点突出，难点突破，知识技能点清晰。	20	A
			16	B
		2. 讲解清晰、准确、易懂、透彻，和学生思维同步	12	C
		3. 讲解时空把握适度，有助学生探究能力和态度情感等的培养。	8	D
	精练（15%）	1. 教师要根据教学目标，精选针对性、典型性、层次性的例题和习题。	15	A
		2. 指导学生有目的地对巩固概念、运用新知识、强化重点、突破难点、培养能力和综合运用知识的能力等方面练习。	12	B
			9	C
		3. 解题思路、技能、创新思维能力和意志等方面的培养。	6	D
教师素质（15%）	教学思想与教学行为（5%）	1. 善于引导学生思考，注重学习习惯的培养和知识的获得过程。		
	教学素养与教学机智（5%）	2. 教学监控能力较强，教态自然大方，语言简洁、生动、流畅、得体，板书简明、工整、美观。多媒体教学手段的使用能够恰到好处地帮助学生学习。	15	A
			12	B
			9	C
	教学风格与个性（5%）	3. 课堂上能够因势利导处理突发事件，体现出"无预设的精彩"。	6	D
		4. 能体现出教师的魅力（人格、学识、个性和形象），体现出明显的教学风格。		
教学效果（25%）	学生学习	1. 学生乐学，学有所得，达成率高。	25	A
		2. 学习内容符合新课程标准和学科目标的要求。	20	B
		3. 教学容量合理，学科内、学科间和其他领域关联整合效果好。	15	C
			10	D

续表

一级指标（权重）	二级指标（权重）	三级指标内容	评分	等级
课堂文化（5%）	体现思考的、民主的、关爱的和创新的等文化	专注，探索或师生关系融洽和谐，合作学习，或课堂教育机智，课堂知识技能生成，问题情景，或不同学生的关注等。	5 4 3 2	A B C D
综合评价	等级：	评分：	听课人：	

备注：优秀A（100—85）；良好B（84—75）；合格C（74—60）；不合格D（60以下）

二、优质课与时装秀

优质课与时装表演乍听起来好像风马牛不相及，其实，细想起来，也不是没有一点关联。

时装表演就是将式样最新、当代流行的服装，由时装模特通过T形舞台向人们展示的一种表现形式，也可称为"时装秀"。款式新颖、美观的服装，既体现了一定社会和时代的服装设计者独特的审美价值、审美情趣和匠心独运，又在某种程度上引导着服装的新潮流和发展方向。但人们在日常生活和工作中通常是着装时尚化和时尚化着装，穿的服装既不完全是时装表演上的服装，又不能不受其影响烙上深深的印记。

说它是时装它不是，说它不是它又有点像，正如人们常说的艺术来源于现实生活又高于现实生活一样，是人们追求的一种理想的生活。

优质课顾名思义就是"优秀的、高质量的课"，它究竟由谁最早提出不得而知，但近几年来各级各类、各种各样的优质课比赛如火如荼、方兴未艾，优质课比赛也成为中小学校为提高课堂教学质量、展示教师风采而广泛开展的一种教学教研活动形式，而且教师或学校领导或教育行政部门常把是否在国家、省、市、县、学校的优质课比赛中获过奖作为评定一名教师讲课好坏的标准之一。不可否认，获过优质课比赛奖的老师的讲课水平、教学质量、综合素质是高的，而且参加过优质课比赛的教师，在以后的教学实践中，不论是在上课时的教学艺术，还是上课时的心理素质都有一种质的飞跃，有一种脱胎换骨般升华的感觉。因为上一节优质课，往往是由主讲教师和该教师所在学科组的教师甚至学校的领导经过长时间精心准备的，从备课到上课的各个环节，即便是像如何过渡、如何提问、布置哪些作业、学生怎么学、教师的着装、态势语言的运用、可能遇到的意外情况等任何细节也不放过，都要一而再、再而三反复商榷、推敲。先独自讲，再讲给同组的同事，再到班里讲，一遍不行两遍，若是参加重要的比赛，可能还要先请专家听课指导，如此反复数次。所以可以毫不夸张地说，一节优质课，的确是一堂课的样板或 model，能起到一定的示范和引导作用，有利于推广教学经验。而且通过听、观看优质课，教师也可以拓宽视野，效仿、借鉴、指导、检验自己的上课。所以从这一点上看，优质课和时装表演的作用可以说是何其相似乃尔。

但毋庸讳言，有些优质课"中看、中听、中评"，就是"不中用"。由于教师自身的因素（如驾驭语言的能力、口才、运用现代教育技术手段的熟练程度和知识结构等不同）和学校的教育教学设施等实际条件的限制，有的课是学也学不来的，有的即使学了也是比葫芦画瓢，只知其然而不知其所以然。何况有些课也未必是金科玉律，也没必要学，所以与其亦步亦趋、邯郸学步、东施效颦，还不如脚踏实地结合自己和学校、学生的实际情况，找到一种适合自己的学生学习的讲课方法。教无定法，教必得法。整齐划一固然好，百花齐放更是春。正如穿服装，有些非常时尚的服装穿在自己身上不见得就一定好，关键是巧搭配，穿出自我，适合自己的才是最好的。

因此，我认为，老师讲课犹如人的穿着打扮，也要提倡多样性和个性化，优质课也好，观摩课也罢，不要完全像时装表演那样，只为作"上课秀"。老师上课还是少来点"优质课秀"，多做些切实能提高学生素质、真正教会学生学会认知、学会生存、学会处世、学会做人、学会关心，让学生终身受益、积极主动参与的好课。

三、数字化时代教师如何不被"数字化"

智能化机器人正在深刻影响着我们的时代。特别是 Open AI 在2023年3月15日发布的升级版 Chat GPT 写作文、答高考卷的话题,也给教育和教师带来强大的冲击波。有人说,Chat GPT "不仅威胁我们的聊天方式,更威胁我们的工作机会"。当以 Chat GPT 为代表的生成式人工智能在人类的训练下变得比之前更"聪慧",甚至于被驯化得比人类更"聪慧"时,作为"太阳底下最光辉的职业"和"传道授业解惑"的人民教师,在这个"山雨欲来风满楼""云深不知处"的数字化时代,该怎样定位教师及其职业价值,该如何捍卫师之为师?

要有"自信人生二百年,会当水击三千里"的豪迈,以积极乐观的心态去拥抱那些令人欣喜的可解放自身的"Chat GPT"。我的观点是,无论 Chat GPT 等生成式人工智能如何"进化",教师可能被"挤",但绝不会被"代"。一切机器技术皆为人类智慧文明的产物,是人的本质力量的对象化,是人自身器官与能力的外化延伸。人定胜机(技)、机(技)助人为、人机(技)协同。

我还有一个观点:生成式人工智能化或人化的机器正在影响着我们的部分体力和脑力劳动,某种程度和方面,人或不如机(技)。

生成式人工智能无论如何迭代更新都是人的本质力量的对象化,是人化的机器,是工具,而工具理性和价值理性是统一于人的社会实践活动中的。教育工作者在警惕技术崇拜和工具理性可能对人的异化的同时,也应该有充分的思想准备,新时代教师要做"传道授业解惑"的"经师"与春风化雨的"人师"的统一者。但起源于社会生产与人的发展需要的辩证统一的教育和基于"在一起""面对面"所独有的情感育人特质的教师的劳动绝不会被异化消解。

教师不必过度职业焦虑,要有高度的文化自信,坚定教育的力量、教师的力量。"Chat GPT"只是赋能的工具,不是教师"自我罢黜的陷阱"。"物来顺应，未来不迎，当时不杂，既往不恋"，只管出发，向前且义无反顾。做好当下，永远是最有意义的事。

要站在"认识你自己"的哲学高度去审视教师自身并重新定位教师角色与职业价值。数字化浪潮也许比教师想象的来得要快要猛些，"Chat GPT"的横空出世让教师大有被僭越、被否定的感觉。甚至有人不无揶揄地调侃，你不用，未来或被淘汰；你用，或淘汰那些不用的。但惶惶不可终日、抵触、抱怨、无动于衷都无济于事，要直面并理性思考你有什么、你缺什么、你该是什么、该做什么。试着改变完善心智模式，克服固有思维方式不足，学会"加法"思维、数字思维，借助"Chat GPT"给自己插上"隐形的翅膀"，与数字化时代同频共振，顺势而为，乘势而上，数而不化，做更好的自己。

数字化就是指将物理事物、信息、过程等转换为数字（即计算机可读）格式的过程，其本质是将现实世界中的事物、信息等，通过数字技术手段，在计算机中用0和1表示，从而实现信息的存储、传输和处理。所以，教师完全可以将那些简单重复的工作、仅需知识的工作和逻辑相对简单以及容错率高的工作交给"Chat GPT"，从而解放教师。而教育工作者的重心要放在那些能充分发挥机（技）不可比拟的情感实体优势和创造性的工作上，去帮助和激励学生更好地学习。倘若无效、无意义或者价值不大的劳动减少，就会有更多时间去读书学习，不断丰盈自身，进而更好工作，岂不乐哉幸哉！

要有"我闻此艺在专攻，莫起妄念思冥鸿"的专业敬畏，对表对标"教师数字素养"行业标准，不断提升数字胜任力，能直面数字化，不妄自菲薄，有自知之明固然可嘉，但更重要的是自身得有"金刚钻"，不能"当潮水退去的时候，才发现自己在裸泳"。为此要以2022年11月教育部发布的"教师数字素养"行业标准为标准，也需要参考国际组织发布的教师数字素养框架，比如欧盟发布的《教育者数字素养框架》对教师核心数字能力的描述，勤学不辍，精进不止，高标准严要求提升信息意识、计算思维、数字化学习与创新、信息社会责任，才能"仰天长啸出门去"地化危为机。

要有"不待扬鞭自奋蹄"的文化自觉，注重自我完善、自我成长、自我发展、自我实现。要从个人职业生涯、教师职业使命、自我价值实现和幸福美好人生等多维度考量数字化浪潮和生生不息"子子孙孙无穷匮也"的"ChatGPT"带给我们的挑战与机遇，顺"数"而为，固本培元，积极主动求知、求变、求新，会用、善用、巧用数字赋能，恪守变易、不易、简易之道，在物理社会与数字社会融合共存的"新社会"中，让我们成为更好的我们。

古人云：观乎天文，以察时变。"透过开满鲜花的月亮"，教育工作者应清晰地看到，不管教师是否喜欢，想或不想，以Chat GPT为代表的生成式人工智能总是要来的，而且比"2002年第一场雪"来得要早些。在数字化教育时代下如何"融"而不"化"，用好数字化的"红利"锦上添花，"化干戈为玉帛"而不是被"消化""淡化""边缘化"，是需要教师觉知、值得深思并积极做出改变的。

四、好教育、好教学，应从建立健康师生关系开始

有老师说喜欢这样的课堂：上课铃声响过，学生精神抖擞，注意力迅速集中在老师身上，聚精会神、专心致志，思维、意识、行为自觉跟着教师的节奏，或听老师讲授，或在老师引导下讨论，或独自做练习题，或做实验等。是的，学生这样的上课状态，请问上过课的老师，有哪位老师不喜欢？当然，这样的课堂，教学效果和教学质量也绝不会差到哪里去。而这样的课堂营造，我以为，关键在于老师本身，在于老师基于扎实专业背景、上课艺术、教育机智和人格魅力，以及人文关怀等较高教师素养下建立形成的良好师生关系。"故安其学而亲其师，乐其友而信其道。"只有当学生心甘情愿相信甚或笃信老师的说教时，所谓传道授业方可得以实现，立德树人根本任务才可能达成。倘若学生在课堂上，不听、不信、不思；下课后，不学、不练、不习，哪里会有教育教学质量，又何谈以文化人、教书育人。难怪有校长说，一所学校对学生影响最大的因素不是学校的各种物质条件，也不是课程，更不是教法，而是师生之间的关系。

所谓师生关系,一般是指教师与学生在教育教学过程中结成的一种特殊的社会关系和人际关系。健康良好的师生关系有助于教师顺利完成教学任务,也是师生在教育教学活动中的价值与生命意义的具体体现。在传统观念里,师生关系大多被认为"一日为师,终身为父",老师永远是权威、是以掌握"真理"者凌驾于学生之上。随着时代变迁、社会发展,在不断地同传统观念进行对话的过程中,师生关系中师与生的地位、价值和作用在渐进演化,师生关系是双主体之间的有机互动,不是简单的传授者和接受者的关系。比如,雅斯贝尔斯在《我与你》一书中曾强调,如果你用一种主客体关系来看一棵树,那么你永远跟这棵树建立不起对话关系。但是有一天你改变你的方式,变成了两个主体间关系的话,你就可以聆听树的声音,可以感受到树的感情。还有人说,师生关系是平等尊重、关爱理解、互动交流、激发成长的关系;也有人说,师生关系关乎伦理、法律、管理、心理、交往等关系。我以为,说一千道一万,良好的师生关系可以归纳总结为:平等、民主、和谐、相长。即师与生在人格上是平等的、在交往互动中是民主的、相处氛围是融洽和谐的、彼此之间是相互促进赋能的。尊敬师长,是对为师之名和为师者的尊重。师道尊严,是对知识真理和崇高道德的敬畏;敬师不意味愚敬,不是盲目崇拜;不唯师,也不是不恭不敬。"吾爱吾师,吾更爱真理"是对为师者的真正的尊崇。术业有专攻,闻道有先后,"道之所存,师之所存也"。在信息技术高速发展的今天,在同辈之间互相学习的"并喻文化"和由年轻一代将知识文化传递给他们在世的前辈的过程的"后喻文化"时代,更是如此。"师不必贤于弟子,弟子不必不如师"绝非客套话,而是教学活动中的真实写照。不管是对中小学校的师生关系来说,还是像开放大学等高等成人教育来说,莫不如此。甚至对后者来说,可谓有过之而无不及。所以,好的教育,好的教学,应该重视健康良好的师生关系建设,从而更好地教书育人。而健康良好的师生关系,在一定程度上可以说就是好教育、好教学,是高质量教育的重要组成部分。

下面还是让我分享一篇自己早在1996年7月13日发表在《中国教育报》

上的散文,来表达我对健康良好师生关系是彼此赋能的礼赞吧。

剪不断那缕师生情思

那一年,我大学即将毕业,被安排到县一中实习。

我教的是高中二年级三个班的化学,按照学校的惯例,前两个星期是听指导老师讲课,后两个星期才允许实习学生讲课。虽然只有两个星期的时间,但当我登上讲台,看到那一双双明亮的求知欲强且又友善的眼睛;当就寝的铃声响过,看到还有同学在那昏暗的路灯下聚精会神,专心致志,勤奋苦读,温习功课时,我被深深地感动了。不由得使我想起了自己的高中生活,一种似曾相识,一种心灵的默契,一下子把我们之间的距离拉近。使我感到若敷衍其事——即使只有两个星期——也是误人子弟,枉为人师。所以课前我认真备课,课堂上我细心讲解,演示实验时我一丝不苟,做了一遍又一遍,直到现象明显为止。课后我耐心辅导,作业我认真批改,不放过每一处错误,哪怕是一个元素符号的书写不规。总之,那两个星期我是全身心地投入其中。

就在我实习将要结束的最后一次批改作业时,我在一位名叫张洁的作业本中发现了一封给我的信。"敬爱的杨老师:您好!虽然您才给我们上了几节课,但留给我的印象是那样的深,穿着朴素大方,讲课时那响亮的声音,有力的话语,都包含着对我们无限的爱。老师,只有像您这样辛勤的园丁,才能为祖国为人民培养出一批有知识的有用人才;只有像您这样才是一位名副其实的人类灵魂的工程师,才值得人民和同学的尊敬歌颂!……"也就在那天下午上完最后一节课,我长长地松了口气,带着完成任务后的喜悦,夹着讲义,不声不响地回到办公室(学校专门为我们两个实习学生腾出来的三间教室——作者注),收拾行装,准备打道回府时,忽然外面有人喊"报告","进来。"我下意识地答道。门开了,呼呼拥进了一群少男少女,挤满了办公室。

"老师,您要走了吗?"

"老师，留下来继续教我们吧！"

"老师，给您，礼轻情意重，我们永远不会忘记您的！"

一时间，钢笔、笔记本、相册向我涌来。在大学里被同学推崇、遇事一向镇定洒脱的我，再次不知所措。感情的波涛在我内心激荡，泪水湿润了我的脸颊，模糊了我的视线。那一刻，我一下子体验到了作为一名人民教师的崇高、伟大、幸福和自豪，体验到了为人师表的无限荣幸。也就是那一刻，也就是从那时，我的思想发生了改变，我暗下决心——将自己的青春、智慧和力量全部贡献给祖国的教育事业，"春蚕到死丝方尽，蜡炬成灰泪始干"。

光阴荏苒，日月如梭。如今的我已是一名有十年教龄的中师教师了。十年来，我立足本职工作，兢兢业业，踏踏实实，默默地在中学教育事业中辛勤耕耘，也取得了一些成绩。作为班主任，我们班年年被评为校先进班集体，我被评为校模范班主任、优秀教师和市优秀教育工作者。作为化学教师，我讲的课被评为省优质课，十多篇论文在省、国家级刊物上发表和获奖，还同别人合著了两本书。每当看到那一张张证书和奖状，每当看到那一篇篇散发着油墨香味的文章，每当回首往事，那缕师生情思我总也剪不断。

十年来，当我遇到困难挫折，受到不公、心灰意懒、不思进取时，我便捧起那封信，忆起那缕情，从中受到激励，获得力量，使我重新振奋精神，扬起风帆，继续将知识的"琼浆玉液"浇洒在学生渴求知识的心田。

十年来，当我取得些许成绩，有点飘飘然时，我便捧起那封信，忆起那缕情，耳畔便响起警钟，使我重新认识自己戒骄戒躁，百尺竿头，更进一步。

是的，十年前是那缕师生情在激励着我，鼓舞着我。相信，未来的漫漫征途上，它，也将伴我风雨兼程。

第五章
不尽之言

「言之不足,故嗟叹之,嗟叹之不足,故咏歌之,咏歌之不足,不知手之舞之,足之蹈之也。」《毛诗序》

度过第40个教师节后不久,我的教育生涯也即将结束。在公职生涯的最后一个暑假,我比之前每一次都倍加珍惜,端坐在电脑前,梳理自己过往37个春秋的教育情缘。细思量,纵有千千结,回望曾经的路,竟不知该如何用言语表达这如诗如歌的生命,阴差阳错的教育人生,砥砺奋进的教育人生。即使有千言万语,万语千言,也只是那么淡淡的几句。

  教育,让人生和社会更美好。
  有类有教,因人而育。
  为了每位学生一生的成功和发展。
  帮助每个人发展自身获得创造美好生活的能力。
  匠匠心以匠匠兮,化育国之大器。
  课堂是幸福的。
  自学、问题、精讲、讲练。

衷心感谢王志立、刘啸、陈则威、王兴学、湛江等几位书法、篆刻大家、好友的慷慨相助,书之以记,刻之以念。暑假模式也将关闭,新的征程即将开启。目有星辰,沐光而行,在那个地方,又见到你。

那年那月的那一天
不知是秋的深情
还是爱的呼唤
在那个地方,我走近了你
好奇无奈裹着坚定不移

那年那月的那一天
在那个地方,我认识了你
激扬的琴弦
从未改动过生命的律动
只为胸中那一抹彩虹

那年那月的那一天
在那个地方,我又见到你
如此亲近
却是那么遥不可及
羸弱的双肩又多了几分期许

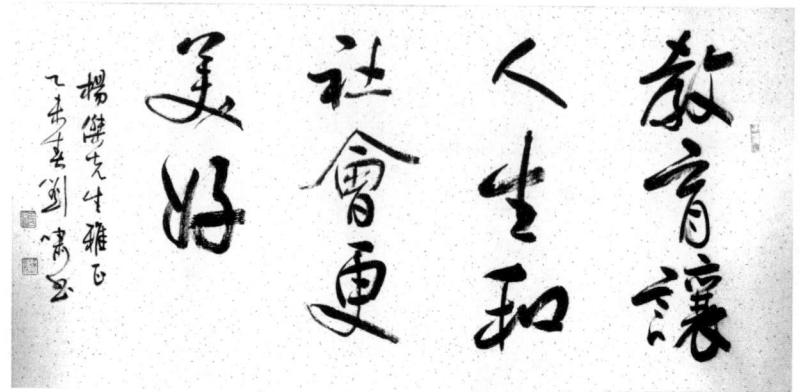

刘啸（中国电力书法家协会副主席、中国书法家协会会员）

篆刻：湛江

第五章　不尽之言　/　145

王志立（河南省书法家协会副主席、中国书法家协会会员）

篆刻：湛江

为了每一位学生的成功和发展

甲辰秋月 刘啸题

刘啸（中国电力书法家协会副主席、中国书法家协会会员）

篆刻：湛江

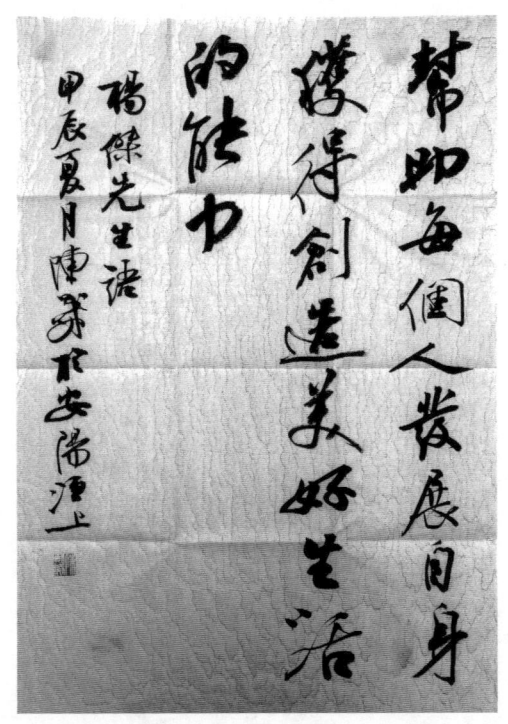

陈则威(中国书法家协会会员、安阳市书协副主席兼秘书长)

篆刻:湛江

匠心以造匠人
化育国之大器

甲辰夏王兴学

王兴学（中国书法家协会会员、安阳市书协副主席）

篆刻：湛江

后　　记

不知道该怎么形容这次自我设计、自我解答的"作业",尽管起笔不易,但也不曾辍笔,当收笔将"作业"交给自己时,那一刻的平静释然一起涌上心头。

不是什么"明言""通言""恒言",也没什么"拍案惊奇"。只是用心用情,回顾梳理了过往部分治校办学的实践与思考,何况学习、实践、反思、再学习,也只是师者的本分而已。初稿写完,适逢《中共中央 国务院关于弘扬教育家精神加强新时代高素质专业化教师队伍建设的意见》发布,对标对表,自己所思所为,与党和国家的要求,特别是距离自觉追求和践行教育家精神方面还相去甚远。另外,由于写作思路和主题的要求,有些自认为是提高教育教学质量的好的办学做法没有涉及。比如,用三年发展规划和中长期发展规划引领学校和教师自我发展的实践与思考没有论述;针对不同年级如何开展适合的德育的探索也未总结。由于认知和写作水平的限制,可能该呈现的没有表达好,不该出现的却画蛇添足。

"人生的意义不在于留下什么,只要你经历过,就是最大的美好"。我庆幸命运的馈赠,让我遇见教育,遇见那些令我感动的师生和朋友,使我的人生更加丰盈,也让我的生命更富有激情、力量与价值。俗话说,大恩不言谢,但我仍禁不住要感谢在写作过程中给予我帮助的所有老师、朋友和家人,是你们的关心、支持、慷慨与陪伴,才让我一时的冲动,变得不再骨感;感谢河南大学独特文化的熏陶和滋养,让我对教育有着不一样的情愫与追求;感谢河南大学出版社，让我倍感温暖亲切；感谢孔令刚教授的信任和指导，感谢谌洪波、李军军等老师的专业、热情和不辞劳苦，让拙作得以顺利出版。

"谁言寸草心，报得三春晖。"我还是要向远在天堂的我的父母说，感谢养育之恩，让我在生活和工作中，始终保持着真诚善良、乐观上进、勤勉坚韧与谦逊包容。

杨杰

2024年国庆节于洪河岸边